LAOBAN CAISHUI GUANKONG SHIZHAN FANG'AN

老板财税管控实战方案

看懂财务 搞懂报表 合理节税

徐培杰◎著

SPM
南方出版传媒
广东经济出版社
·广州·

图书在版编目（CIP）数据

老板财税管控实战方案 / 徐培杰著. —广州：广东经济出版社，2021.7
ISBN 978 - 7 - 5454 - 7796 - 2

Ⅰ. ①老… Ⅱ. ①徐… Ⅲ. ①企业管理—财务管理 Ⅳ. ①F275

中国版本图书馆 CIP 数据核字（2021）第 108572 号

责任编辑：余　朔　蒋先润
营销编辑：刘凯明
责任技编：陆俊帆

老板财税管控实战方案
LAOBAN CAISHUI GUANKONG SHIZHAN FANG'AN

出 版 人	李　鹏
出版发行	广东经济出版社（广州市环市东路水荫路 11 号 11～12 楼）
经　　销	全国新华书店
印　　刷	广东新华印刷有限公司南海分公司 （广东省佛山市南海区盐步河东中心路 23 号）
开　　本	730 毫米×1020 毫米　1/16
印　　张	19.5
字　　数	300 千字
版　　次	2021 年 7 月第 1 版
印　　次	2021 年 7 月第 1 次
书　　号	ISBN 978 - 7 - 5454 - 7796 - 2
定　　价	88.00 元

图书营销中心地址：广州市环市东路水荫路 11 号 11 楼
电话：（020）87393830　　邮政编码：510075
如发现印装质量问题，影响阅读，请与本社联系
广东经济出版社常年法律顾问：胡志海律师

前 言

老板不懂财税管控隐患大

统计数据显示，企业管理问题的50%都是财务问题，企业的风险有80%来自财务风险。在国内，有60%以上的企业存在中度以上的财税风险；而在民营企业中，则有超过90%的老板不具备最基本的财税知识和财税思维。

从很大程度上讲，正是由于企业老板不懂财税、缺乏基本的财税知识，才让企业承担了巨大的财务风险。

一旦出现财税危急，轻则让企业遭受资金上的损失，比如资金周转慢，资金利用率低，成本费用高、浪费严重，导致企业利润降低甚至出现亏损；重则会给企业招来罚单和行政处罚，比如因偷税漏税而被税务机关勒令补缴税款、罚款和滞纳金，使企业“一夜回到解放前”；严重的甚至会触及刑法，如果企业偷税漏税金额过大，或有虚开增值税发票等行为，企业老板和相关责任人可能面临牢狱之灾，导致出现身陷囹圄、鸡飞蛋打的局面。

在公司顶层设计和股权转让及投融资活动中，如果缺乏基本的财税思维，一方面会让企业付出一些不必要的税务成本，另一方面也极有可能导致企业老板投资失败、血本无归，甚至引狼入室、大权旁落，至于“兄弟式合伙、仇人式散伙”的悲剧更是屡见不鲜。

作为企业老板，当然没有必要亲自设计财务报表，亲自去报税，但是掌握一些基本的财税知识、熟知关键的财务指标、练就一定的财税素养和财税思维还是极为必要的。这样才能够深入了解企业的财务状况，更好地为企业经营和管理决策服务，才能清楚什么是非法的偷税漏税，什么是合法的税务筹划，以便在法律许可的范围内尽可能降低企业的税款支出，并进一步借助财税控制的方法，确保公司的财税安全和投资收益，最终实现个人和家族财富的安全、保值与增值。

本书结合最新的企业税收政策和财税环境，通过系统地介绍财税管理与控制方案让企业财税管理摆脱无顶层设计、算不清账、资金周转慢、税务风险高、利润增长难、成本浪费严重、投资收益低等常见的问题，帮企业老板建立“老板财商思维”，为企业老板学习财务提供一条捷径，手把手地教企业老板看懂财务报表，灵活运用财务数据，构建完善的内部财税管控机制，从财税角度去把控、审视企业投融资活动，从而帮企业老板彻底解决靠感觉管理企业、成本不断攀升、税负成本和税务风险过高、现金流效率低、报表存在“糊涂账”等问题，真正实现“向财税要效益”的战略目标，推动企业价值快速提升。总之，本书是专门为企业老板量身打造的财税管理课。

徐培杰
2021 年春

目 录
CONTENTS

中篇 财税管控实战

第十章 投融资管控：确保资金进出安全高效 / 269

上篇

财税风险管控实战

第一章
老板不懂财税会给企业经营带来隐患

企业的风险有80%源自财务风险，国内有60%以上的企业存在中度以上的财务风险。企业出现财务风险，一方面是由于财会人员的能力不足和处理问题不当，另一方面则是由于老板缺乏财税知识而胡乱指挥。财税对企业的重要性是不言而喻的，一个懂财税、具备财商思维的老板，是企业宝贵的财富。

财务在企业中能做什么

1. 财务在企业中的重要性

经济越发展，财务越重要。

这是一条颠扑不破的真理，要想做好经济，离不开财务工作，财务工作与经济的发展密切相关。企业作为经济活动中的重要单位，更离不开财务管理，财务管理工作是企业经营活动中必不可少的一项内容。

值得注意的是，有为数不少的企业老板的财务认知存在偏差，具体表现在两个方面：

第一，认为企业财务没什么好管理的，财务部门安排一个会计和一个出纳足矣，所谓财务管理，就是设置财务部，制定一些规章制度，管好会计和出纳。

第二，认为企业财务管理是建立在完善的组织架构基础之上的，必须组建完善的、互相制衡的财务管理机构，并配套烦琐的规章制度和财务流程。

以上可谓是企业老板对财务认识的两个极端，都有一定的偏颇性。企业财务管理的定位，不仅取决于企业的规模，也要考虑行业类型和所处的发展阶段。

据我观察，一些企业老板总是习惯将财务部门同技术、生产、销售等部门进行比较，认为后者才是企业价值的直接创造者，而财务部门不过是企业不得不配置的保障服务部门，视之为“二等部门”。正因为如此，很多财务工作者都抱怨老板对他们不够重视，不能慧眼识珠，不能发现他们真正的价值所在。

事实上，财务对企业的重要性是不言而喻的，企业的资金流向哪里，财务管理的触角就会伸到哪里。企业的技术部、采购部、生产部、人事部、销售部、后勤部等一切同钱有关联的部门，都会同财务管理发生关系。因此，财务不仅仅是财务部的财务，更是整个企业的财务。

财务能帮企业做什么？简单来说有以下三大方向：

第一，帮企业省钱。财务部门通过制定规范的财务管理流程、合理的财务管理制度，杜绝不必要的浪费，帮企业省钱。同时，还可通过合理的税务筹划，帮企业节税，降低企业税务支出。省钱也就是赚钱。

第二，帮企业赚钱。财务部门可在风险可控的框架内利用企业闲置资金进行理财、投资以获得利润。此外，还可利用税收政策、补贴政策帮企业拿到政府的返税、补贴奖励，用另一种方式为企业赚钱。

第三，帮企业规避风险。通过财务审批等事前控制措施可以有效防范企业风险，通过管控现金流可以有效防范企业资金风险，通过提前筹划税务可以防范涉税风险。另外，通过分析财务报表中的各种指标，能够发现企业经营中存在的潜在风险，以及需要改进之处，从而为企业决策者提供预警报告，使其能够提前识别并规避风险。

财务管理，既包括对“赚钱、盈利”含义的清楚界定，也包括对资金投向、资金的使用效率、资金所面临的风险等关键问题的判断与把握，要求做到资金管理妥善、高效，才能跟上现代企业快节奏的前进步伐。

企业财务管理方式的不断更新与发展变化是一个企业能够生存与发展的必要条件。作为企业的财务部门，自然在企业的经营与管理之中扮演着举足轻重的角色，具有不可替代的地位。财务部门要和钱（money）、资本（capital）、价值（value）等核心词打交道，它们是企业的立业之本，更是发展之路。它们充满诱惑、充满风险，自然也充满挑战。如果将企业比喻为舟，那么财务管理就相当于水，“水能载舟，亦能覆舟”。

值得注意的是，当今企业财务部门的工作已经不再是传统意义上的“管账”，它贯穿于企业的成长、成熟乃至衰退等各个阶段，影响企业产品开发、生产、经营、销售以及人事任免等方方面面的工作。可以毫不夸张地说，如今的财务部门，已经是企业发展的一个重要支点，它在企业中所处的位置可谓牵一发而动全身。

2. 财务部门的工作职能

如果将财务部门的工作职能细化，可以描述为如下三个方面。

（1）会计核算与报表职能。

会计核算与报表职能体现为财务会计人员依据《企业会计准则》对外提供企业经营报告，主要包括以下五项内容：

①会计核算。依据《企业会计准则》的规定，对各类会计信息进行汇总、处理。

②会计报表编制。编制和提交各种财务报表，按时编制企业对外报送的财务报告。

③财务审计。对企业会计账目、内部控制制度、法律风险等方面进行稽核。

④会计信息管理。对会计档案、会计记录等会计信息进行管理。

⑤税务管理。执行企业的财税待遇和投资项目的税务筹划。

（2）财务管理职能。

财务管理职能也就是向企业决策层提供相关分析和报告，以帮助其进行决策。该项职能主要包括以下四项内容：

①财务计划与全面预算管理。

②财务报告和分析，即为企业管理者提供财务分析报告，以辅助其经营决策。

③企业资产管理，以保证企业资源的有效利用。

④企业成本费用的监控与管理。

（3）财务运作职能。

财务运作职能，主要是对企业的现金流、筹资和投资、资本运营及其过程中的风险进行管理，主要包括以下五项内容：

①建立健全的财务管理规章制度，编制财务计划，加强经营核算管理，反映、分析财务计划的执行情况，检查监督财务纪律执行情况。

②积极为经营管理服务，促进企业取得较好的经济效益。

③厉行节约，合理使用资金。

④合理分配企业收入，及时完税。

⑤配合有关机构及财政、税务、银行部门的财务检查工作，主动提供相关资料，如实反映情况。

3. 财务对企业的作用

财务对企业的作用很多，主要作用是间接为企业创造利润，还包括管理资金以保证企业持续经营、核算经营业务以明确经营成果、筹划税务以降低税收成本和控制税务风险、进行预算管理和控制以把握企业发展趋势、为保障股东的最大利益监督高管及平行部门的行为、管控日常费用为企业降低运营成本等。总之，企业规模越大，财务的作用就越显著。

财务对企业的具体作用，主要表现在以下四个方面：

第一，为企业筹措资金。

任何企业正常生产经营活动的展开以及扩大再生产，都离不开相应的资金支持，企业财务部门的一个重要工作目标就是满足企业在这些方面的资金需求。企业筹措资金的渠道多种多样，使用时间和成本各不相同，附加条款也有很大差异。这就要求财务部门充分发挥自身的专业优势，基于企业所需资金的类别，综合考虑各种资金筹措方式的优劣以及财务风险，选择最优的筹资方案。

第二，进行投资管理。

筹集来的资金，应尽快投入生产经营，这样既可以取得投资收益，又可避免资金闲置。当然，任何投资都不可能稳赚不赔，都潜藏着一些风险性因素。因此，财务部门在进行投资决策时，务必要认真考虑影响投资决策的各种因素，科学地进行可行性研究，以便在投资风险和收益之间做好权衡，提高企业投资的安全性。

第三，做好营运资金管理。

企业的营运资金，是为满足企业日常经营活动的需求而预支的资金。通常，企业营运资金的周转和企业的生产经营周期是一致的。在一定的时期内，企业营运资金周转越快，说明企业资金利用的效率越高，企业就能够生产出越来越多的产品、提供越来越多的服务，进而就能获得越来越高的收入和利润。所以，财务部门要尽力提高企业营运资金的周转效率。同时，还应保证营运资金的充足与筹集渠道畅通，避免资金断流。

第四，妥善管理企业利润。

企业生产经营过程中，所获得的收入减去成本和管理费用，剩下的就是利润总额。追求利润最大化是每一个企业的目标，财务管理部门要努力挖掘企业潜力，使企业更加合理地使用人力和物力资源，降低成本，减少管理费用，减少不必要的消耗，增加企业利润，提高企业价值。另外，对于企业实现的利润，要合理进行分配，使投资者得到回报，使企业的发展获得不竭的动力，同时要及时处理好这一过程中出现的各种矛盾和利益纠纷。

老板为什么一定要懂财务

财务对企业的重要性是不言而喻的，但很多老板对财务却毫无头绪，有业内朋友开玩笑说：“十个老板有九个不懂财务，剩下一个还是一知半解的。”

在企业中，类似如下的老板同财务人员的对话场景屡见不鲜。

场景一

会计：“王总，这个客户的发票不能这样开，在咱们经营范围之外。”

老板：“你是财务，你看着办！”

会计：“……”

场景二

老板：“最近公司不是没有进账吗，为何还要税务申报，这岂不是让我多交税？”

会计：“刘总，是这样的，企业日常经营期间不管有没有收入，都要进行税务申报。否则，税务机关可以根据税收相关法律对未进行申报的企业处以1万元以下的罚款。”

场景三

老板：“小陈啊，赶紧从公司账户往我卡里划20万元，我急用。”

会计：“好的，老板，咱先办个手续吧！”

老板：“我公司的钱转我个人卡里，还要办什么手续？”

会计："是这样的，如果不履行正常的手续，会造成您个人账户和公司账户之间的资金往来混乱，银行和税务机关都会对这类公私账户之间的大额资金往来进行重点监控，如果没有办理相应手续，没有缴纳相关税费，就存在偷税的问题，有可能被税务机关稽查、处罚。而且，这种行为也是企业发展过程中的一个污点，不利于企业发展壮大后的融资等事项，所以，还是建议您办一下手续。"

老板："提个款，竟然还这么麻烦！"

会计："……"

有些老板看到这里，即使能够对号入座，可能还会觉得无所谓，觉得自己不懂财务，只要公司的财务人员懂就够了。很多老板都是用现金流水账的方式看待财务问题，对于公司负债多少、库存多少则没有一个明确的概念。在他们眼里，自己每个月赚的钱就等于当月的收入减去当月的支出，只要每个月还在赚钱，则万事大吉，对于其他的细微财务数据，则不甚重视。

事实上，财务管理是企业运转的加速器，如果老板懂得利用财务杠杆，能将企业带入发展的快车道。反之，如果老板不懂财务管理，则很可能导致企业发展缓慢，甚至给企业带来严重的发展危机，更有甚者，还会导致企业破产倒闭，这绝不是危言耸听。

统计数据显示，企业的风险有80%源自财务风险，国内有60%以上的企业存在中度以上的财务风险。企业出现财务风险，一方面来自财会人员的能力不足和处理问题不当，另一方面则是由于老板缺乏财税知识而胡乱指挥。

我国中小企业的平均寿命只有两三年，远远低于美国同类企业七八年的寿命，导致中小企业经营失败的一个最常见问题就是财务风险。大多数民营企业的老板不懂财务，给企业经营带来了各种各样致命的问题——现金流断裂、财务漏洞、内部舞弊和腐败、资金损失、偷税漏税等，从而给企业招来灭顶之灾，甚至有些老板因此而锒铛入狱，付出了惨重的代价。

老板不懂财务的企业，通常会存在以下六个问题。

1．资金利用率低

企业资金利用率取决于企业资金周转速度，如果老板不懂财务，缺乏财务管理思维，则企业资金一般周转较慢，这是由企业顶层设计于无形中决定的，老板本人也意识不到。资金利用率低，意味着企业盈利能力低、综合竞争力不强。

2．缺乏预算管理

“凡事豫（预）则立，不豫（预）则废。”企业更是如此，企业战略目标的达成需要建立在科学合理的预算管理基础之上，而很多企业由于其老板财务知识和财务意识的欠缺，导致预算管理很不到位，直接影响企业经营目标的达成。

3．容易出现浪费和贪污

企业经营中，存在一些滋生浪费和贪污的潜在因素，如果老板不能利用基本的财务常识做好相应管控，会让企业增加很多隐形的经营成本；企业内部一些图谋不轨的工作人员也会利用老板的监管不当和监管乏力而铺张浪费，甚至贪污企业财产。

4．涉税风险高

没有财税常识的老板，通常很大胆，做出买卖发票、虚开增值税发票、公私账户混乱、内外两套账、骗取退税等行为，给企业埋下严重的涉税风险。

5．容易出现决策失误

一些企业尤其是民营企业在决策上，都是老板一人说了算，如果老板对于企业的财务状况和财务数据了解得不够深入、详细，那么容易做出不科学的决策，出现决策失误。

6．财务人员管控困难

老板必须首先懂财务，才能管好财务人员，才能发现财务管理的漏洞，否则很容易被财务人员蒙蔽。

案例

某企业新招聘一名财务主管，该主管上任后不久就建议老板更换财务软件，由于财务主管是老板高薪聘请来的，试用期的表现也很合老板心意，老板对其言听计从，便花费数十万元引进了一套新的财务软件。

新的软件只有财务主管比较熟悉，其他财务人员都不知道如何操作，由于新旧软件衔接不当，公司财务管理工作出现了很多问题，数据混乱，漏洞百出。

后来，税务机关发现了这家企业的财务异常，认为其存在巨大的涉税问题，经过稽查，该企业补税款达数百万元。

但是，老板又不敢将怒火过多地撒到财务主管头上，因为该主管已经知道了企业太多经营细节和财务细节，只能暂时用着。

可见，老板虽然不必精通财务，但必须懂得基本的财务常识，才能具备财务管理思维，进而管好财务部门和整个企业。

现代财务管理已经渗透到企业运营的各个层面，对企业发展起着至关重要的作用，尤其当企业发展到一定阶段、具备一定规模后，老板或企业经营者必须具备基本的财务知识，否则，一旦财务出现问题，就无法第一时间发现，失去纠正财务问题、化解财务风险的良机，导致问题越来越严重。

那些知名公司的高管很多都具备财务管理背景，比如阿里巴巴集团CEO张勇、蚂蚁集团CEO井贤栋、新浪董事长曹国伟、携程总经理孙洁、万科集团董事会主席郁亮等都是财务出身，都具备良好的财务管理思维和财务管理技能。

对于中小企业来说，财务管理是公司管理的命脉；对于大企业来说，财务管理不仅是命脉，也是企业管理中的一项重要工具。不懂财务的老板将越来越难以管理好企业。

话说回来，对于非财务管理背景出身的中小企业老板而言，并不需要像张勇、井贤栋一样精通财务，但掌握基础的财务知识，能够看懂财务报表，懂得分析财务数据，了解财务人员管控的关键点，并能借助财务数据进行经营上的决策，还是很有必要的。

老板应密切关注的财税新政

在市场竞争日益激烈的环境下，谁能以最低的成本获得最高的收益，谁就能够在竞争中立于不败之地，让企业获得持续增长，实现基业长青。

企业经营成本，不仅取决于日常经营管理，更取决于财务管理和税务筹划，通过合理的财税安排，能够大幅降低企业经营成本，提高经营效益。

老板不仅要熟知基本的财务知识和税务知识，还应该与时俱进，及时了解国家推出的财税新政策。比如，随着国内外政治、经济形势的不断演变，企业所处的交易环境以及交易方式都在发生变化，国家的财政、税务和会计政策也在不断调整，国家税收征管措施和规则也在不断推陈出新。企业进行财务安排和税务筹划的基础也就随之发生了变化。因此，企业的工作也要及时做出相应调整，以顺应新的财税政策，看好企业的“钱袋子”，更好地降低企业运营成本，减少税务支出，切实享受国家财税新政带给企业的普惠性福利。

同时，随着社保入税、金税三期、共同申报准则（Common Reporting Standard，CRS）、大数据共享等财税政策的调整与新技术手段的运用，那些不合规企业的财税风险也大大增加了。为了化解此类风险，企业不得不推进财税管理的合理化、合法化变革，尽管不乏阵痛，但有助于企业的长久发展。

近来，需要企业老板密切关注的财税新政主要有以下几项。

1．小微企业享受企业所得税减免政策

该减免政策由财政部和国家税务总局于 2021 年 4 月 2 日联合颁发，减免周期为2021年1月1日至2022年12月31日，具体减免政策如下：

第一，对小型微利企业年应纳税所得额不超过100万元的部分，在《财政部 税务总局关于实施小微企业普惠性税收减免政策的通知》（财税〔2019〕13号）第二条规定的优惠政策基础上，再减半征收企业所得税。

第二，对个体工商户年应纳税所得额不超过100万元的部分，在现行优惠政策基础上，减半征收个人所得税。

2. 小型微利企业认证条件放宽

小型微利企业原是指从事国家非限制和禁止行业，并符合下列条件的企业：

（一）工业企业，年度应纳税所得额不超过100万元，从业人数不超过100人，资产总额不超过3000万元；

（二）其他企业，年度应纳税所得额不超过100万元，从业人数不超过80人，资产总额不超过1000万元。

自2019年1月1日起，小型微利企业放宽后的认证标准调整为：年度应纳税所得额不超过300万元、从业人数不超过300人、资产总额不超过5000万元等三个条件的企业（包含工业企业）。未来，该认证标准可能会进一步调整。

3. 小规模纳税人增值税减免政策

根据财政部、税务总局2021年第11号公告，自2021年4月1日至2022年12月31日，对月销售额15万元以下（含本数）的增值税小规模纳税人，免征增值税。

4. 小规模纳税人“六税两附加”（教育费附加、地方教育附加）减征政策

自2019年1月1日至2021年12月31日，各地政府可酌情对辖区内的增值税小规模纳税人可以在50%的税额幅度内减征资源税、城市维护建设税、房产税、城镇土地使用税、印花税（不含证券交易印花税）、耕地占用税和教育费附加、地方教育附加。

增值税小规模纳税人已依法享受资源税、城市维护建设税、房产税、城镇土地使用税、印花税、耕地占用税、教育费附加、地方教育附加其他优惠政策的，可叠加享受上述优惠政策。

5. 国内车票可用来抵扣增值税

自2019年4月1日起，取得注明旅客身份信息的飞机票、火车票、汽车票等可计算抵扣增值税，无须认证。

纳税人未取得增值税专用发票的，暂按照以下规定确定进项税额：

（1）取得增值税电子普通发票的，为发票上注明的税额。

（2）取得注明旅客身份信息的航空运输电子客票行程单的，按照下列公式计算进项税额：

航空旅客运输进项税额 =（票价 + 燃油附加费）÷（1 +9%）×9%

（3）取得注明旅客身份信息的铁路车票的，按照下列公式计算进项税额：

铁路旅客运输进项税额 = 票面金额 ÷（1 +9%）×9%

（4）取得注明旅客身份信息的公路、水路等其他客票的，按照下列公式计算进项税额：

公路、水路等其他旅客运输进项税额 = 票面金额 ÷（1 +3%）×3%

6. 社保费由税务部门统一征收

中共中央办公厅、国务院办公厅印发了《国税地税征管体制改革方案》，明确自2019年1月1日起，将社会保险费由税务部门统一征收，将基本养老保险费、基本医疗保险费、失业保险费、工伤保险费、生育保险费等各项社会保险费交由税务部门统一征收。

今后税务机关向企业征收社保，将不再是代收，而是本职工作。

该方案的推出，将进一步倒逼企业给全体员工缴纳社会保险费。

7.《中华人民共和国电子商务法》出台

为规范电子商务行为，国家耗时5年终于推出了《中华人民共和国电子商务法》，该法自2019年1月1日起施行。该法出台后，有以下几点需要注意：

（1）无论是淘宝店、微店或是代购，都需要办理营业执照。

（2）电商经营者需要依法缴税，偷税漏税要承担刑事责任。

（3）个体工商户也需建账报税。

8．购进不动产可以一次性抵扣税额

自2019年4月1日起，纳税人取得不动产或者不动产在建工程的进项税额不再分2年抵扣。此前按照上述规定尚未抵扣完毕的待抵扣进项税额，可自2019年4月税款所属期起从销项税额中抵扣。

9．增值税期末留抵退税制度开始全面试行

自2019年4月1日起，试行增值税期末留抵税额退税制度。

（1）《关于深化增值税改革有关政策的公告》（联合公告〔2019〕39号）所称增量留抵税额，是指与2019年3月底相比新增加的期末留抵税额。

（2）纳税人当期允许退还的增量留抵税额，按照以下公式计算：

允许退还的增量留抵税额=增量留抵税额×进项构成比例×60%

进项构成比例，为2019年4月至申请退税前一税款所属期内已抵扣的增值税专用发票（含税控机动车销售统一发票）、海关进口增值税专用缴款书、解缴税款完税凭证注明的增值税额占同期全部已抵扣进项税额的比重。

10．一般纳税人增值税申报手续简化

自2019年5月1日起，纳税人进行增值税申报时，废止以下两项附表，无须再填写。

一是废止原《增值税纳税申报表附列资料（五）》。

二是废止原《营改增税负分析测算明细表》。

11．符合条件的企业可免征残疾人就业保障金

自2017年4月1日起，将残疾人就业保障金免征范围，由自工商注册登记之日起 3 年内、在职职工总数 20 人（含）以下小微企业，调整为在职职工总数 30 人（含）以下的企业。调整免征范围后，工商注册登记未满 3 年、在职职工总数 30 人（含）以下的企业，可在剩余时期内按规定免征残疾人就业保障金。

民营企业涉及财税的原罪是什么

原罪，本是基督教的一种教义，现常指某些组织和人群的非法或是不正当行为。所谓民营企业的原罪，多指早期民营企业家起家时的一些涉税、行贿、非法集资等行为，指向民营企业家来源可疑的第一桶金，其聚集财富的手段和路径有很多疑点。

早期中国民营企业经常发生行贿、偷税漏税、虚假注册抽逃资金、非法集资、非法经营（高利贷）等原罪，其中涉及财税的原罪主要有以下几项。

（1）偷税漏税。

早期的民营企业（并不仅限于民营企业），不能讲所有都偷税漏税，但可以毫不夸张地说，有相当一部分存在不同程度的偷税漏税问题。

其中，固然有民营企业家的主观因素，但也与当时我国税制不完善有关。

（2）虚假注册资本。

早期，国内民营企业在进行工商注册时，是有最低“注册资金”要求的，且以实有资金到位作为依据（即实缴制），与现在公司注册的认缴制不一样。面对这种情况，一些企业想要通过较高的注册资金来提升企业形象，而自身资金又不足，于是便以各种垫资形式完成公司注册，待公司注册完成后就将部分注册资金抽走。

当然，现在这一问题已经不存在。

（3）非法集资。

企业的非法集资现象时有出现，主要是因为民营企业资金紧张、融资困难。据权威机构调查，85% 的企业倒闭都是由资金链断裂导致的，而且中国的中小企业的融资渠道都不多。

因此，某些企业为了解决资金压力，在合法融资不可行的情况下，采取各种法律所不允许的融资方式，由此触发原罪。

（4）高利贷。

中小民营企业融资难，无法从正规的渠道融资，非法集资的法律风险又太大，于是很多民营企业老板便转去借高利贷，而放高利贷也属于非法经营。各种担保公司、典当行、小额贷款公司、民间金融公司，以及一些中小企业都有可能涉及这方面问题。

早期民营企业的原罪问题，由于有其特殊的历史背景，很多人都认为应当既往不咎，经济学家厉以宁认为，民营企业家实际上并不存在所谓“原罪”，而应叫“原始创业积累”。

2018 年 11 月 1 日，习近平总书记在民营企业座谈会上专门指出：“对一些民营企业历史上曾经有过的一些不规范行为，要以发展的眼光看问题，按照罪刑法定、疑罪从无的原则处理，让企业家卸下思想包袱，轻装前进。”

可以说，该句话提出了所谓民营企业“历史原罪”问题的解决办法，给民营企业家吃了“定心丸”。

当然，对于当前的企业而言，关于偷税漏税、非法集资、高利贷等涉嫌违法的事项当然不应该触碰，同时，还要注意规避一些新的容易招致财税风险的新问题，比如：

（1）两套账问题。

两套账又叫内外账，即一套账对内，主要给老板看，相对真实，叫内账；一套账对外，叫外账。对于同一会计主体、同一个会计期间、同一发生的经济业务，每套账会做不同取舍，使用不同的会计核算方法，导致每套账的会计报表结果不一样。

需要注意的是，企业编制两套账本身并不是违法行为，但如果外账不符合相关法规要求，变成假账，产生偷税漏税、误导会计信息使用者等后果的话，就属于违法行为。

（2）虚开增值税专用发票问题。

根据《中华人民共和国刑法》第二百零五条，虚开增值税专用发票或者虚开用于骗取出口退税、抵扣税款的其他发票，是指有为他人虚开、为自己虚开、让他人为自己虚开、介绍他人虚开行为之一的，违反有关规范，使国家遭受损失的行为。

虚开增值税专用发票之所以猖獗，主要是因为增值税一般纳税人想要抵扣进项税额需要增值税专用发票（即专票），而小规模纳税人开不了专票，即使让税务机关代开专票，也只能开税率为3%的专票，和一般纳税人17%的专票相去甚远。如果取得了增值税专用发票，一般纳税人企业不仅能少缴增值税，还能少缴企业所得税。所以，在一般纳税人的进货环节和小规模纳税人销货环节，就产生了大量的专票需求，虚开增值税行为随之产生，于是形成了一个有供需关系的非法买卖增值税专用发票的市场。

（3）商业回扣问题。

商业回扣包括账外暗中回扣和账内明示回扣，其中，账外暗中回扣构成商业贿赂，属于不正当竞争的违法、犯罪行为。

（4）存货账实不符问题。

存货账实不符是指企业账面上的存货和企业实际仓库里的存货不一致。存货账实不符主要表现为亏库（账面存货大于仓库实际存货）和胀库（仓库实际存货大于账面存货）。

存货账实不符问题在生产制造企业或贸易企业中很常见，存货账实不符的税务风险也是相当高的，是税务稽查的一大重要方向。

造成企业账实不符的客观原因主要是公司处理流程不规范，以及财务人员能力有限等，比如该结转成本的没有及时结转成本，该报废的没有及时入账，该计提跌价准备的没有计提减值准备等。实务中，这种客观原因造成的账实不符比较少见，更多的是主观原因，即企业故意为之以达到少交税款等目的。

（5）股东分红不缴纳个人所得税的问题。

部分企业的股东分红存在偷税漏税行为。根据《中华人民共和国个人所得税法》，企业的税后利润应当分配给股东，而股东的利息、股息、红利所得需要征收个人所得税。

股东分红缴税计算方法细则有以下五项。

第一，个人股东按照应得红利的 20% 缴纳个人所得税。

第二，从上市公司得到的分红可以减半缴纳个人所得税。

第三，外国人取得的红利无论是否从上市公司获得，都不需要缴税。

第四，居民企业从其他居民企业取得的投资分红收益可免缴税。

第五，境外非居民企业股东从中国居民企业取得 2008 年及以后的股息，按 10% 的税率缴纳企业所得税。

打造健全的财务管理体系

财务管理在企业的不同成长时期具有不同的侧重点。在企业初创期，由于规模较小，业务比较简单，从产品、业务单元、地域方面来说，管理点少而单一，营运及资金规模也较小，因而对财务功能的要求也比较简单，仅限于出纳、记录、简单核算、报税，此时财务发挥的是后台服务职能。

随着企业的进一步发展，以及规模的不断壮大，财务管理需要由“小财务”向“大财务”升级转化。

如果说“小财务”的主要职能是账务处理，做一些记账、报税、资金管理等初级工作，那么“大财务”的职能则是进行全面的财务管理，即除了要做基本的记账、报税、资金管理外，还要做好企业顶层设计（股权架构设计）、全面预算管理、税务筹划、资金管理、成本控制、财务分析与决策支持、投融资管理、企业并购重组等各项工作，并打造健全的财务管理体系。

“大财务”是财务管理的本质性概念，强调财务管理是企业管理的重要组成部分，其本质是资源配置，是从价值角度对企业资源进行配置。

“小财务”与“大财务”的区别不仅体现在工作职能和目的上，还体现在思维方式上。“小财务”注重向后看，属于当下思维；“大财务”既总结过去，立足当下，又注重向前看，属于未来思维。

“大财务”通过实行大成本、大资金、大分析、大范围、大流程、大集中，实现企业部门之间、业务之间的横向管理和纵向（流程）管理；致力于打造健全的企业财务管理体系，形成财务管理系统，以实现资源的有效利用；从广度上挖掘企业运营的潜在价值，从深度上研究每一项业务活动之间的细微关联，追求企业财务管理的高附加值。

案例

2019年，华为实现全球销售收入8588亿元人民币。2020年，华为在《财富》世界500强排行榜中排第49位，历史性地“杀”进前50位。

在任正非的带领下，华为取得了商业上的巨大成功，从一家只有数人的小作坊，成长为一个拥有6万名工程师、700多名数学家、800多名物理学家、120多名化学家、6000多位从事基础研究的专家的总计20余万名高知型员工的庞大组织。经过30余年的坚苦奋斗，华为这家曾经毫不起眼的小公司，已经悄然成长为世界级巨头，成为通信领域的全球领导者，超越了爱立信、诺基亚西门子、阿尔卡特－朗讯等世界通信领域内曾经让小公司仰望的巨头。

华为的成功，除了任正非所讲的“方向大致正确，组织充满活力”之外，还在于华为拥有一套稳健成熟的支撑系统，这套系统除了具有供应链、采购、行政等职能外，还包括至关重要的财务系统。在华为，它被称为财经体系。

经过包括IFS（集成财经服务）在内的数十年如一日的持续变革，华为实现了财经的战略转型和资源的有效配置——从任正非早期痛批财务的“非常落后”到如今的“世界一流”，华为财经体系不仅是业务的“最佳合作伙伴”，更是高管的“最佳合作伙伴”。

作为一家业务遍及170余个国家和地区的全球性公司，华为的财务部门和财经体系应对财务问题称得上是游刃有余，他们可以在3天内出具月度财务报告初稿，5天内出具终稿，10天内出具年度财务报告终稿。

是什么让华为的财务管理如此高效？答案是横跨5个时区的7个账务共享中心，以及7×24小时的日不落结账。总之，华为有包括账务系统在内的强大财经体系。

华为的财务为什么叫财经？用任正非的话说，华为财经的“经”是除了技术方向之外的全部“经”济活动，包括供应链、行政、后勤、物流、基建、研发等。华为财经体系要从财务管理走向名副其实的财经管理。华为除了重视“经线”管理，华为还提倡“纬线”的管理优化：融入项目、融入业务、纵横打通，最终实现端到端闭环。

华为的战略解决的是“方向大致正确”的问题，侧重价值创造，而财经解决的则是“核算准确、驱动业务”的问题，侧重价值评价（指标度量），强调贴近作战组织，提供支撑，致力于成为“业务的前沿存在”，做业务的“最佳合作伙伴”，在平行方向上实现合纵，经纬天地，纵横相依，业财一体。

华为的财经体系，既有原则性，又有灵活性；既能守住底线，又能助力经营，支撑高层有效决策。

作为企业老板，要致力于企业财务管理的升级，实现从“小财务”到“大财务”的跃迁，打造适合企业的财务管理体系，助力企业发展。

案例

某特大型化工企业，企业总资产达40亿元，年销售收入逾30亿元，是一家集生产、科研、开发、设计、贸易于一体的大型综合企业集团。在发展的过程中，该集团公司形成了以“十个统一”为主体的财务管理机制和会计核算体系。

1. 统一资产管理。集团公司所有资产由总部统一管理，各下属单位受托经营各自的资产，对于经营限额以内的资产须报集团公司批准并备案，公司内部任何单位和个人都不具备资产处置权限。

2. 统一资金管理。在集团公司财务部内专门成立了资金结算中心，取消了二级财务机构在各银行的账户。这一措施实施后，第二年度的财务费用下降了1500万元，效果明显。具体措施主要有以下三项：

第一，财务部对集团公司内所有资金进行集中统一管理，各下属单位的结算和支付活动都由资金结算中心统一办理。

第二，在资金结算中心，各下属单位可以开立内部结算账户，对资金进行有偿占用。

第三，包括附营业务收入在内的所有财务收支都要由财务部统一办理，各下属单位通过资金结算中心进行统一结算。

3. 统一银行账户管理。原则上，各下属单位开设的账户都应注销。不过，如果下属单位确实是出于生产经营、科研开发、基本建设等需要，应在各专业银行或非银行金融机构开立账户时报经集团公司批准。集团公司有权调用各下属单位的结余，可以有偿占用。

4. 统一信贷管理。向各专业银行、非银行金融机构和有关单位办理的各种资金信贷事项，由集团公司统一办理，各下属单位向集团公司申请内部贷款，有偿使用。

5. 统一税费征纳管理。

6. 统一物资采购管理。企业主要原材料、燃料、设备、备品备件、辅助材料由集团公司供应部负责统一采购，物资采购、验收、库存、盘点制度需要加以完善。对于那些有部分采购权的下属单位，其采购工作应在集团公司供应部的指导下进行，并可以优先使用公司内各级库存物资。

7. 统一财务收入管理。集团公司及下属单位的各种主营业务收入和附营业务收入都应归口为财务部门管理，各下属单位和部门的非财务机构不得截留公司的任何收入。各下属单位财务部门应按规定将各自所实现的收入通过资金结算中心的内部结算机制，统一上交到集团总部。

8. 统一发票管理。由集团公司财务部统一购领发票，统一解缴税金。

9. 统一会计核算和管理，具体措施主要有以下四项：

第一，各下属单位财务负责人要对所设会计科目和会计账簿的真实性和准确性负责，其财务管理要做到全面、及时地反映下属项目——资产、负债、权益的财务状况和收入、成本（费用）、利润及其分配的经营成果，下属单位的内部财务报表编制部门必须及时、定期向集团公司财务部报送内部报表。

第二，各下属单位要建立完善的财务清查制度，以做到财产物资的账实、账账和账证相符。

第三，各下属单位必须按照集团公司的相关规定来审核报销各种费用。

第四，各下属单位财务部门应当建立健全稽核制度，确保出纳人员不得兼管稽核、会计档案保管和有关收入、费用、债权债务等账务的登录。坚持出纳和会计核算岗位分离的内控原则。

10. 统一财会人员管理。集团公司财务部应在财务负责人的主持下，实行月度例会制，负责总结和布置集团公司的各项财务工作。所有财务部和下属单位的财务、会计人员都要接受财务部的监督、指导和集中管理。另外，集团公司还实施了基本建设的三项管理制度——投资计划管理制度、项目在建管理制度、工程预决算管理制度。

上述案例给我们的启示是，要想加强企业财务管理，打造健全的财务管理体系，就要做到以下几点。

1. 盘活资金管理

资金是企业的血液，资金流动不畅，会对企业经营带来不利影响，因此，企业财务管理应围绕资金管理这个中心，加大资金管理的力度，树立资金使用的全局观念，及时调剂内部资金余缺，随时监控子公司的资金动向，防范资金运作风险，以提高企业总体资金运用效率，避免资金的闲置浪费。上述案例中，该集团公司就是通过财务部内建立资金结算中心来进行资金集中管理的，经证实这是一种行之有效的方法。

2. 加强投资管理

各种投资行为应由公司总部集中管理，下属单位作为利润中心，没有进行自主投资决策的权限，但各下属单位可以根据需要，提出投资可行性分析方案上报总部，经审批后，可由子公司具体负责实施相应的投资方案。投资项目完成后，总部可根据投资资金的节约和超支情况以及项目完成质量情况，对子公司进行奖惩。

3. 做细资产管理

资产管理应由公司总部统一负责，各下属单位只是受托经营保管本单位资产。对于固定资产的购建，应先由各下属单位编写年度计划，并报公司总部批准、备案，随后严格按计划执行。对于计划外的临时固定资产购建，下属单位应向公司总部申请，说明其必要性，由总部依照程序批准办理。

4．强化成本管理

企业成本管理水平，将会直接决定企业产品的竞争力和盈利能力。公司总部财务部门应发挥自身的信息优势和集权优势，计算出产品成本最低、利润最大的产销量，杜绝无效或低效劳动，从产品的设计、原材料采购环节抓起，在源头做好成本控制。另外，要做好成本的超前控制，比如上述案例中集团公司统一负责物资采购的方式就很值得推广。

5．完善财会制度体系

企业的财务管理体系应包括财会制度体系、统一的会计核算制度、集中的财会人员管理制度，以及符合公司发展要求的其他内部财会制度。完善的企业财会制度体系，能够让财务管理做到集中管理、强力管理，充分发挥财务人员的主观能动性，集中力量，避免各自为战。

【工具】财务部常见的组织结构图

财务部常见的组织结构图如图 1-1 所示。

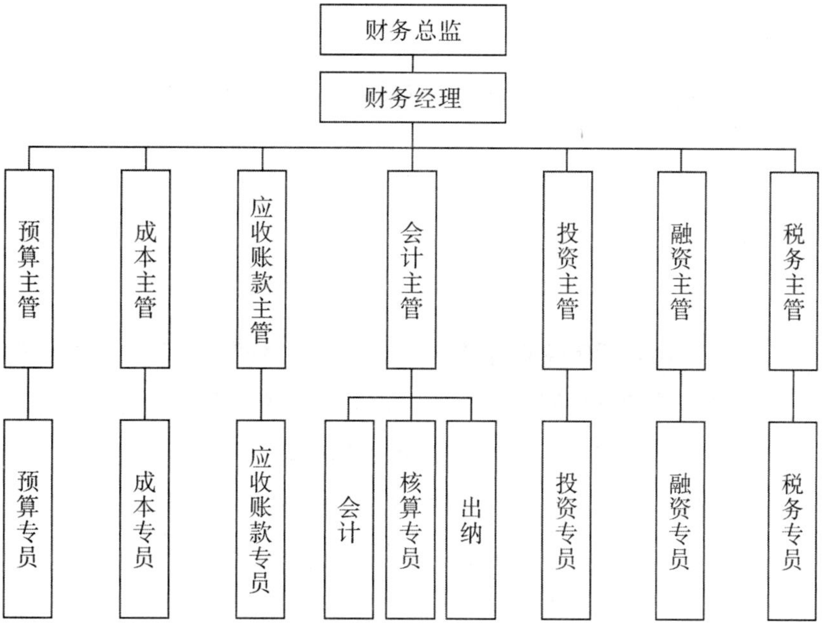

图 1-1　财务部常见的组织结构图

备注：该组织结构图为大型企业或企业集团常见的财务部组织结构图，中小型企业可视企业规模、经营类别、业务范围酌情进行精简或优化。

第二章
财税风险管控：
企业财税风险梳理及风险防控

财税风险管控是企业日常管理中需要特别关注的重要问题，也许企业正处于风险之中，而老板却浑然不知。企业经营中的财税风险是多种多样的，企业需要经常性地进行财税自查，以规避风险。你知道常见的财税风险都有哪些呢？

公私账户不分，资金往来存在风险

企业公私账户不分是一个常见的问题。老板通常认为公司是自己的，企业的资产也就是个人财产，从而导致个人账户和公司对公账户之间资金往来随意、频繁、混乱，或是老板用私人账户收取公司业务款项，致使公私账户不分。公私账户不分的几种情况如表 2－1 所示。

表 2－1　公私账户不分的几种情况

序号	描述
1	公司老板（包括其家人）直接以批条、白条形式从公司财务账户提款
2	公司老板用个人账户收取公司业务款项，再用个人账户随意消费
3	公司隐藏部分收入进私人账户，不报税，再从私人账户借钱给公司
4	老板家庭消费支出在公司报销
5	老板用私人微信、支付宝等移动支付工具收款，随收随花，不上交公司
6	公司业务人员用个人账户收取公司业务款项
7	财务人员用个人账户存储公司备用金，以支付报销费用、发放工资

无论是资金上的公私不分，还是费用上的公私不分，都存在着很大的安全隐患，不仅会造成企业财务管理上的诸多问题，还会给老板带来潜在的税务风险和法律风险。

我国法律虽然并未禁止公司账户同个人账户之间的正常资金往来，但对那些异常的资金往来，比如公私账户间频繁、巨额、无正当理由的款项往来通常都会要监控。根据 2017 年 7 月 1 日起施行的《金融机构大额交易和可疑交易报告管理办法》，自然人和非自然人账户中的大额交易和可疑交易（表 2－2）都会被重点监控。

表 2－2　金融机构定义的大额交易和可疑交易

大额交易	1. 当日单笔或者累计交易人民币 5 万元以上（含 5 万元）、外币等值 1 万美元以上（含 1 万美元）的现金缴存、现金支取、现金结售汇、现钞兑换、现金汇款、现金票据解付及其他形式的现金收支
	2. 非自然人客户银行账户与其他的银行账户发生当日单笔或者累计交易人民币 200 万元以上（含 200 万元）、外币等值 20 万美元以上（含 20 万美元）的款项划转
	3. 自然人客户银行账户与其他的银行账户发生当日单笔或者累计交易人民币 50 万元以上（含 50 万元）、外币等值 10 万美元以上（含 10 万美元）的境内款项划转
	4. 自然人客户银行账户与其他的银行账户发生当日单笔或者累计交易人民币 20 万元以上（含 20 万元）、外币等值 1 万美元以上（含 1 万美元）的跨境款项划转
	注：累计交易金额以客户为单位，按资金收入或者支出单边累计计算并报告
可疑交易	1. 短期内资金分散转入、集中转出或集中转入、分散转出
	2. 资金收付频率及金额与企业经营规模明显不符
	3. 资金收付流向与企业经营范围明显不符
	4. 企业日常收付与企业经营特点明显不符
	5. 周期性发生大量资金收付与企业性质、业务特点明显不符
	6. 相同收付款人之间短期内频繁发生资金收付
	7. 长期闲置的账户原因不明地突然启用，且短期内出现大量资金收付
	8. 短期内频繁地收取来自与其经营业务明显无关的个人汇款
	9. 存取现金的数额、频率及用途与其正常现金收付明显不符

（续表）

可疑交易	10. 个人银行结算账户短期内发生累计 100 万元以上现金收付
	11. 与贩毒、走私、恐怖活动严重地区的客户之间的商业往来活动明显增多，短期内频繁发生资金支付
	12. 频繁开户、销户，且销户前发生大量资金收付
	13. 有意化整为零，逃避大额支付交易监测
	14. 中国人民银行规定的其他可疑支付交易行为
	15. 金融机构经判断认为的其他可疑支付交易行为

当前，国家对于公转私、公私账户不分现象的监管越来越严，自 2019 年开始，税务稽查不仅重点稽查公司法定代表人、实际控制人的个人账户，还会稽查公司主要负责人的个人账户。

尤其值得注意的是，国家还要求各相关部门比如银行和税务机关之间，如果发现异常情况，要相互分享信息，具体表现在以下两个方面：

第一，商业银行需向中国人民银行报送大额交易报告或可疑交易报告，中国人民银行可能会视情况报送给相关税务机关，从而会招来税务机关对相关责任人的稽查。

第二，我国税收征管的法律规定，税务机关也可以检查从事生产经营的涉嫌偷税漏税纳税人的银行存款账户，包括纳税人存款账户余额和资金往来情况。

如果说以往税务机关掌握私人账户资金变动情况相对困难的话，当前则变得越来越容易。

今后，不仅仅是公司老板，还有公司的核心人员，包括财务、高管等的个人账户，都将是税务稽查的对象，故尽量不要与企业对公账户有不正常的资金往来。

实务中，个人账户如果出现频繁转账，就会受到银行的查询和监控，企业老板或相关人员公私账户间的每一笔流水都能被查清。

一旦被稽查，且发现企业确实存在问题的话，轻则补缴税款，同时要缴纳大量滞纳金和税务行政罚款，重则可能要企业负责人承担刑事责任。

企业公私账户不分的风险主要表现在以下几个方面。

1. 税务风险

将公司款项打入私人账户是最常见的公私账户不分行为，有些是无意为之，有些则是老板刻意避税的方式，老板用这种方式隐匿收入，以达到少缴税的目的，这种行为涉及偷税。《中华人民共和国税收征收管理法》规定，进行虚假的纳税申报，不缴或者少缴应纳税款的，为偷税。对纳税人偷税的，由税务机关追缴其不缴或者少缴的税款、滞纳金，并处不缴或者少缴税款50%以上5倍以下的罚款；构成犯罪的，依法追究刑事责任。

案例

北京市通州区国家税务局稽查局通过对北京某公司实际控制人、法定代表人李某在工商银行和兴业银行开立的个人账户进行检查，发现以上两个账户均是用于收取客户汇入的购货款，存在偷税事实，遂对该公司出具“税务行政处罚决定书”，主要内容如下：

公司补缴增值税377286.46元、企业所得税101515.75元；同时分别处以少缴税额50%的罚款，金额合计239401.11元。

上述案例中，该公司老板本想通过个人账户避税，结果不仅少缴的税款被追回，而且还要支付大量罚金，同时还会影响企业的信用等级，可谓是得不偿失。

2. 民事法律风险

如果公司属个人独资性质，老板使用个人账户处理公司事务，会被认定为公私财产混同，则该公司老板应当对公司的债务与公司共同承担无限连带责任，这是公私账户不分的直接后果。如果该公司为拥有两个以上股东的有限责任公司，若公私账户不分则该公司股东需要对公司承担返还责任，即在公司无力对外偿还债务的情况下，该公司股东应当在用其私人账户收取营业收入的范围内承担偿还责任。

3．刑事法律风险

公司股东利用职务上的便利，以非法占有为目的侵占公司的货币资金，有可能构成职务侵占罪；若挪作他用，则可能构成挪用资金罪；如果涉嫌洗钱，则有可能构成洗钱罪。

如果企业存在公私账户不分的问题，为消除潜在资金往来风险、税务风险和法律风险，需要及时做出改正。尤其是公司老板、股东，无论是资金往来还是费用报销，都应按规范的财务流程办理，依法纳税，不可随意而为。

资金、存货账目不清，账实不符

根据国家财会制度的相关规定，企业有关存货、货币、固定资产、债券等实物资产，其账簿记录必须与实物保持一致。

但在实务中，很多企业资产管理较为混乱，账实不符的问题非常突出，尤其是存货，长期不进行存货的盘点，随意处置存货的情况时有发生，有时账面存货长期过大，有时甚至出现库存余额为负数的情况。企业账实不符问题主要表现为有账无实、有实无账和账实不匹配。

举例来说，某企业仓库管理员利用管理上的漏洞，私自将仓库中的一些物资盗为己有，而在企业的财务账簿上，这些物资依然存在，出现账实不符。

导致账实不符的原因主要有以下几项：

第一，公司财务管理混乱，存货不按既定规范进行财务核算。

第二，对存货的账务处理不够及时，导致出现有物无账或有账无物的情况。

第三，公司日常库存管理混乱，监管上存在严重的漏洞，票据传递、物资保管缺乏监管。

第四，未进行定期盘点，或盘点工作做得不够认真、彻底，未能及时发现存货上的问题并及时做出账务处理。

第五，违规购买发票进行抵减进项税，导致有账无物。

第六，货物售出而不入账，致使库存无法及时结转，出现有账无物。

企业出现账实不符，不仅说明企业内部管理存在漏洞，还说明企业涉嫌偷逃增值税和企业所得税；如果出现因购买增值税专用发票而导致的账实不符，说明企业涉及刑事犯罪，将面临相应的行政（刑事）处罚、罚款和缴纳滞纳金。

案例

某从事生产加工的企业，近年来一直处于盈亏平衡的状态，要么是微利，要么是微亏，因此，公司缴纳的增值税很少，税负基本为零。该现象引起了税务部门的注意。

经过初步检查，税务稽查人员发现该公司从专用收购凭证的领购和使用，到收购初级产品的入库及收购款的支付，再到进项税按规定申报抵扣等多个环节，其手续和凭据都是完整的、正常的。

为了找出问题，税务稽查人员找到该公司的财务经理，要求其提供详细的数据，通过分析，检查组发现该公司产出率明显偏低，产品成本中原材料的比重也明显偏大，如果其成品成本中原材料的耗费额为50%，那么即使考虑增值税等扣除项目，按照成本价销售，最起码也有40%左右的增值率，则该公司至少应该缴纳约5%（13%×40%）的增值税，这与其实际增值税税负几乎为零显然是矛盾的。

于是，检查组决定盘点该公司的库存，但是其财务科库存商品的明细账上并没有反映库存数量，只显示了金额。检查人员根据正常情况下每吨产成品的销售价格扣除毛利率来推算产成品数量，但盘点结果显示仓库中根本没有足额的产成品。该公司财务经理辩称产成品寄存在外面的仓库里，检查组立即提出去现场盘点。

最后，面对事实，财务经理终于承认了平时虚开收购凭证，虚假购进原材料，用假领料单领用并计入生产成本，最终入库单上假产成品变成了库存商品。由于虚假入库的产成品混在正常入库的产成品中，有金额而无数量，公司只好在财务部库存商品的明细账上不反映该产成品的数量，于是出现了账实不符。

最终，该公司受到了应有的处罚。

现实中相当多的企业都存在库存商品和原材料账账不符、账实不符的问题，而且很多公司都采取了类似上述案例中公司虚假购进的做法，这样做一方面可以抵扣增值税控制利润额，另一方面可以将账面资金转到账外，可谓一举两得。但在面对税务稽查人员的深入核查时，该操作将会无所遁形。

那么，当发现账务中存在账实不符时，应当如何处理呢？

1．现金日记账账面余额与库存现金数额不符

如果现金出现账实差异（一般为盘亏），企业必须马上展开调查，找到差异原因与责任人，追回企业损失。

可采用实地库存盘点的方法来确定库存现金的实际存数，并同现金日记账中的账面余额进行比对，以确定账实是否相符，并核查相应的盈亏情况。

清查之后，相关人员应填写“现金盘点报告表”，并以此为凭据来调整现金日记账的账面记录。

2．银行存款日记账账面余额与银行对账单余额不符

如果银行存款出现账实差异，财务人员需先编制银行存款调节表，在剔除正常未达账项之后，如仍存在差异，可与开户银行转来的对账单进行核对，以查明银行存款的实有数额。如果银行存款日记账与开户银行转来的对账单出现不一致，通常是由以下两个因素所致。

第一，企业、银行双方或一方记账有错误。

第二，存在未达账项。对于未达账项，财会人员应通过编制银行存款余额调节表进行调整。

通过核查，企业必须找到差异原因并处置相关责任人，如有需要，还可向当地公安机关报案。

3．企业资产明细账余额与资产物资的实际数额不符

企业资产主要包括存货、固定资产等。当企业资产出现账实不符时，要对各项资产逐一进行盘点，并根据盘点结果逐一填制盘存单，再同账面余额记录进行核对，以确定盘盈盘亏数额，填制实存账存对比表，作为账面记录调整的原始凭证。

同时，财务人员需要进行账务调整，对差异部分出具处理办法，如确定责任人后进行赔偿、处罚等。

企业应对内部资产进行规范、严格管理，定期核对账目、盘点仓库。

4. 往来款项账实不符

企业的往来款项主要包含应收账款、其他应收款、应付账款等。在对账过程中，对于不相符的款项，要先剔除正常未达账项等正常差异，再对存在争议、无法收回的款项及时采取措施，尽可能追回款项，将企业损失降到最低。

5. 债权债务明细账账面余额与往来单位的账面记录不符

如果出现这种情况，通常采取发函询证的方法进行核对，在确保往来账户记录完整且准确的前提下，编制“往来款项对账单”，寄往各往来单位。对方单位核对后返回，如果相符，则盖章表示核对相符；如果不相符，对方单位需要说明情况。再据此编制“往来款项清查表”，分别注明核对中相符与不相符的款项，对不相符的款项按有争议、未达账项、无法收回等情况进行分类合并，然后针对具体情况采取相应措施予以处理。

两套账问题的危害及合规化处理

两套账（内外账）多是企业为了达到一些非法的目的和意图而设置的。大多数情况下，外账用于报税，其突出特点通常是收入低、库存大、部分收入不入账，如此记账以达到少缴税（增值税、企业所得税和个人所得税）的目的，属于典型的偷税行为。

从表面上看，两套账操作确实能给企业或老板带来短期的利益，但从长远看，随着我国税务监管力度的不断加强，以及金税三期、大数据分析、银行税务信息共享、强化社会信用建设等一系列税收监管措施和监管技术的推出，企业因税务违规操作而被处罚的风险将大大增加。

1. 两套账形成的原因

有人总结称，外账就是在内账基础上进行相应的“增、减、藏、挑”等操作得出的。“增”，即增加一些成本；“减”，即减少一些收入；“藏”，即将内账中不合规的操作隐藏起来；“挑”，即将部分合规的账目放入外账。

实务中，两套账形成的原因主要有以下四个。

（1）隐瞒收入。

隐瞒收入是形成两套账的主要原因，有些企业对一些不需要发票的个人和散户型客户，不予开具发票，从而达到隐瞒收入、逃避税负的目的。这种现象主要存在于以下两类企业中。

一是拥有大量自然人客户的企业，比如酒店、餐饮、教育、商超等企业。由于个人客户没有索要发票的习惯，这类企业可以隐瞒大量收入。

二是目标客户属核定征收类的企业。核定征收意味着企业所得税不需要提供相关发票，因此这部分企业可能存在不要发票的情况。

老板需要知道的是，税务部门会通过电子底账、爬虫技术、数据共享等技术，让企业的隐瞒行为暴露，使企业受到应有的处罚。

（2）成本费用不入账。

在企业经营过程中，也会出现一些无法取得发票的成本费用支出，比如违法违规支出，多是企业用来送礼等支出，无法取得相应的合规票据，即使能够取得，也不敢入账；还有一些特殊的无法取得费用票据的情况，比较常见的有民间借贷中支付给借款方的利息，对方无法或拒绝提供发票；再就是一些零星采购中无法取得发票的情况。

（3）财务粉饰。

企业设置两套账也并非全都是为了偷税，比如有些企业出于融资的考虑，为了让报表在投资人眼中更好看，也会有意设计虚假的外账，通常是做高收入和利润，以蒙蔽投资人和投资机构。

典型的操作方式是虚增收入与成本费用不入账，虚增收入可以通过核查现金流与往来款项进出发现，虚增收入如果涉及虚开发票，通过金税三期很容易就能发现。如果虚增收入是通过关联交易实现的，税务部门一般不关注，因为这属于财务粉饰的问题。对于成本费用不入账的操作，则可以通过其他应收款挂账进行诊断。

（4）中外会计准则差异。

还有一种类型的两套账，并非是为了偷税，这类公司的财务操作很可能是规范的。比如，一家美资外企，内账要按照美国会计准则来做，而报出去的账目和报表则只能按照中国会计准则做，这就出现了两套账。

这种情况下，一家公司可以用一个账套，但是需要在账套当中设置不同的“层次”，以处理不同准则下的账务。而原始凭据都是统一的、规范的，不存在任何隐匿的行为。

2. 两套账的风险

企业通过两套账来谋取短期利益的做法，隐藏着巨大的危机和风险，主要表现在以下几个方面：

（1）多缴税风险。

很多企业由于真实的成本费用支出无法取得发票而导致此费用不能在税前扣除，必然会让企业多缴税。如何规避这种风险？

财务人员需要在业务开始时就做好相应提醒，以获得合规发票。比如个人客户的发票可以通过税务机关代开，如果是经常发生的个人业务，则可以考虑通过个体工商户或者个人独资企业来实施等。

（2）虚开发票和偷漏税风险。

税务机关对发票的管理越来越严格，增值税要做到“三流一致”，即货物流、资金流、发票流三者保持一致。当前，资金流已被国家监控，发票流也将进入被监控的行列，这些措施能够有效震慑和打击虚开发票以及发票违法犯罪行为。以往企业存在的买卖发票行为将会受到严格的限制和严厉的打击，此举将推动企业向合法经营方向转变。

金税三期建立的“一个平台、两级处理、三个覆盖、四个系统”的税收管理信息系统，会对纳税人信息进行实时监控，让两套账中的偷税、漏税行为无所遁形。对税务机关而言，纳税人的情况基本上处于透明状态。金税三期上线后，税务机关通过对比大数据分析就可得知企业经营是否异常。一旦出现异常，系统就会自动预警，税务机关工作人员便会针对性地上门核查。

通过两套账隐瞒收入以逃税，是严重的违法行为，违法者除了将受到补税、罚款和缴纳滞纳金的处罚之外，如果达到刑法量刑的标准，还会涉及“逃税罪”。

《中华人民共和国刑法》第二百零一条规定：纳税人采取欺骗、隐瞒手段进行虚假纳税申报或者不申报，逃避缴纳税款数额较大并且占应纳税额百分之十以上的，处三年以下有期徒刑或者拘役，并处罚金；数额巨大并且占应纳税额百分之三十以上的，处三年以上七年以下有期徒刑，并处罚金。

不过，逃税罪有一个宽限条件，并不是第一次触及就会被认定为逃税罪，必须是在五年内因逃避缴纳税款受过刑事处罚或者被税务机关给予二次以上行政处罚才会被认定，也就是说企业有一次犯错的机会，但不可再犯，且第一次触及后需要补缴税款。

（3）企业信用风险。

近年来，我国正致力于推进诚信社会和社会信用体系的建设，税务机关也开始从信用角度对企业进行分类管理，税务信用高的企业，会在税务服务、融资贷款等领域享受相关优惠条件；反之，税务信用等级低的企业，不但没有相应的优惠条件，还会被税务机关重点监控。两套账企业存在着很大的信用风险，若被查处，企业的税务信用等级将降低，企业也会因此落入失信企业的行列。

3．两套账企业的特征

若要人不知，除非己莫为。许多企业操作两套账都有着明确的目的性和功利性，手法也非常简单、拙劣，根本经不起推敲，税务机关要想发现其中的问题是非常容易的，因为这类企业通常存在以下特征：

第一，账上现金不多。外账上收入被隐藏，所以不会留太多现金。

第二，利润不高。企业做两套账是为了逃税，因此外账所反映的基本都是微利，不会呈现太高的利润。因此，那些看上去规模不大、利润不高、资金长期处于紧张状态，却存续了很多年的企业，大多都有两套账。

第三，有异常的往来账户。资金往来很频繁的账户，主要是用来沟通内外账的。

第四，员工收入水平一般不高。同样是出于避税和少交社保的考虑，内账会为员工做一些避税（个人所得税）筹划，所以，外账中员工薪酬一般不会太高。

4．两套账合规化处理

两套账的成因和风险都已经很清楚了，如何解决也一目了然，老板如果希望将企业做大做强，消除企业发展过程中的风险和隐患，那么，就要当机立断，进行两套账合规化处理，即两账合一，具体可以从以下几方面着手：

第一，要从当下开始，规范财务管理和会计处理，严格按照会计制度和会计准则做账，隐瞒收入的操作就此打住。

第二，企业要做到从财务到业务思路统一，所有支出一定要取得发票，避免大额支出没有发票入账。对于和公司无关的支出，应通过股东分红或者第三方借款方式解决资金问题，而非计入第二套账。

第三，逐步将以往未入账的经济事项遵照“实质重于形式原则”录入会计账，对于跨年的影响数，可通过“以前年度损益调整”进行规范。对于确认无票收入的要同时结转销售成本，减少库存商品，老板或其他相关人员个人账户占用的资金转入公司账户或确认为其他应收款；对于成本费用，要按发生时的性质正常入账，没有取得发票的做纳税调整；在补账时，按由近及远的顺序进行。

当然，在两账合一的过程中，企业避免不了阵痛，其中最大的阵痛是需要依法补缴税款。

企业员工社保成本高，如何减轻这种负担

早些年，财政部经济建设司发布的一份报告显示，我国企业税费负担偏重，综合考虑税收、政府性基金、各项收费和社保金等项目后的税负达40%左右。而对于企业来说，最大的一笔负担来自社保成本，尤其是劳动密集型企业的员工，其社保支出负担更重。

之前企业还能以各种合法、不合法的手段来拒绝为员工交社保，但是随着社保入税政策的实施，员工有工资没有社保，或是有社保但没有按规定缴纳，都是不合规、不允许的。

自2019年1月1日起，社保五险交由税务部门统一征收，征管力度空前加强，而后人社部又印发《社会保险领域严重失信人名单管理暂行办法》并自印发之日起实施，意味着社保征管又上了一个新台阶。

社保新政要求企业为员工全员参保，并按照员工的实际工资发放金额缴纳社保，这导致企业用人成本增加，压力倍增。

从表面上看，企业所交的“社保费”只是变成了“社保税”，好像只是交钱的地方产生了变化而已，但事实上却没这么简单。

以往，大部分企业在缴纳社保时并没有按照员工的实际薪资缴纳，对于这种违规行为，监督部门难以排查，企业违规成本较低。而社保入税后，税务机关能够更加全面地了解企业经营数据和社保缴纳数据。当员工的个人所得税与社保不匹配时，可认定企业存在不按照员工实际薪资购买社保的行为，也就是说企业在偷税，要承担的后果也变得更严重。

2019年10月28日，人社部印发的《社会保险领域严重失信人名单管理暂行办法》中，明确了列入严重失信人名单的8类情形：

（1）用人单位不依法办理社会保险登记，经行政处罚后，仍不改正的。

（2）以欺诈、伪造证明材料或者其他手段违规参加社会保险，违规办理社会保险业务超过 20 人次或从中牟利超过 2 万元的。

（3）以欺诈、伪造证明材料或者其他手段骗取社会保险待遇或社会保险基金支出，数额超过 1 万元，或虽未达到 1 万元但经责令退回仍拒不退回的。

（4）社会保险待遇领取人丧失待遇领取资格后，本人或他人冒领、多领社会保险待遇超过 6 个月或者数额超过 1 万元，经责令退回仍拒不退回，或签订还款协议后未按时履约的。

（5）恶意将社会保险个人权益记录用于与社会保险经办机构约定以外用途，或者造成社会保险个人权益信息泄露的。

（6）社会保险服务机构不按服务协议提供服务，造成基金损失超过 10 万元的。

（7）用人单位及其法定代表人或第三人依法应偿还社会保险基金已先行支付的工伤保险待遇，有能力偿还而拒不偿还、超过 1 万元的。

（8）法律、法规、规章规定的其他情形。

社保入税强推企业为所有员工足额缴纳社保，且不允许员工自愿放弃缴纳社保。在这种局势下，企业如果逃缴社保将会承担重大的法律责任。部分企业原来以最低收入等造假手段来规避缴纳社保，若今后再做出这种行为将会被税务机关严惩。

社保入税意味着企业的人力成本将大幅度增加，但企业可以通过一些用人结构上的调整和合法的税务筹划的方式来减轻这种负担。

1．聘用退休人员

《中华人民共和国劳动合同法》第四十四条规定，劳动者开始依法享受基本养老保险待遇的，劳动合同终止。企业不用为享受基本养老保险的返聘员工缴纳社保。

因此，如果企业聘用或返聘退休人员，将不用为已经享受基本养老保险的返聘的退休人员缴纳社保。

在实际操作中，企业应注意以下事项：

第一，需要事先明确待聘人员有无重大疾病。

第二，要考虑待聘人员的工作能力和岗位匹配度问题。

第三，在聘用协议中列明薪资待遇及终止条件。

第四，最好为其购买工伤保险或商业保险。

2. 聘用实习生

有许多企业为了减少社保支出，会同一些职业院校建立用工合作关系，吸引院校学生到企业实习，企业与实习生之间无劳动关系，适用的法律主要是《中华人民共和国民法典》中的“合同编”，实习生获得的报酬是用知识和实习经验交换所得。因此，企业不需要为其缴纳社保。

企业在聘用实习生时要考虑实习生能否胜任公司相应岗位的工作，能否掌握公司的业务，并创造出相应的价值，同时还应考虑实习生工作的短期性和流动性，不能仅仅为了节约社保支出而做出一些得不偿失的用工决策。

3. 聘用兼职人员

兼职人员通常有自己的专职工作，并同其用人单位签订有劳动合同，其社保缴纳也由其原工作单位办理，和兼职公司无关，因此兼职公司无须为其缴纳社保。

在聘用兼职人员时，企业同样要考虑自身的需求、岗位匹配度及价值创造问题。

4. 聘用灵活就业人员

灵活就业人员是指以非全日制、临时性和弹性工作等灵活形式从事工作的人员。

聘用灵活就业人员，有两种操作模式：

第一，企业直接聘用灵活就业人员。

例如，某企业在经营状况允许的前提下，将一些技术含量低、无须长期固定人员的岗位，改为临时、季节性用工岗位，由于用工时间很短，企业不需要同灵活就业者签订劳动合同，不需要为其缴纳社保，双方只需口头约定相关的用工时间和待遇。

企业聘用灵活就业人员需要注意：用工时间一旦超过界限，就会被判定为全日制用工，需要为其购买社保。

第二，企业同灵活用工平台合作。

“用人不管人，管人不用人”是这种灵活用工模式的核心。一方面，灵活用工平台和自然人签订《业务外包合同》，灵活用工平台支付承揽费用给自然人，同时受自然人的委托，代为开票完税。另一方面，用人单位和灵活用工平台签订《业务外包合同》。用人单位支付外包费用给灵活用工平台，用人单位可监督管理自然人的工作过程及完成的质量。

这种模式下，企业只需向平台支付相应外包费用（工资）和服务费，而无须为就业者缴纳社保，也能够大大降低企业的社保支出。

适合灵活用工模式的企业类型主要有以下三种。

第一，平台类（社交电商、直播、外卖、健身、家政、设计、教育等）企业。

第二，销售类（微商、信用卡分销、保险经纪、保险代理等）企业。

第三，咨询类（顾问服务、咨询服务、医疗服务、知识分享、人力资源服务等）企业。

虚开增值税专用发票，或有牢狱之灾

1. 虚开增值税专用发票的认定和处罚

虚开增值税专用发票是企业中高发的涉税违法行为，是指有为他人虚开、为自己虚开、让他人为自己虚开、介绍他人虚开增值税专用发票行为之一的情形，是税务机关重点打击的对象。企业或相关当事人一旦被查实有此违法行为，将受到法律严惩。

《全国人民代表大会常务委员会关于惩治虚开、伪造和非法出售增值税专用发票犯罪的决定》（简称《决定》）第一条规定，虚开增值税专用发票的，构成虚开增值税专用发票罪。

具有下列行为之一的，属于"虚开增值税专用发票"：

（1）没有货物购销或者没有提供或接受应税劳务而为他人、为自己、让他人为自己、介绍他人开具增值税专用发票。

（2）有货物购销或者提供或接受了应税劳务但为他人、为自己、让他人为自己、介绍他人开具数量或者金额不实的增值税专用发票。

（3）进行了实际经营活动，但让他人为自己代开增值税专用发票。

虚开税款数额 1 万元以上的或者虚开增值税专用发票致使国家税款被骗取 5000 元以上的，应当依法定罪处罚。

虚开税款数额 10 万元以上的，属于"虚开的税款数额较大"；具有下列情形之一的，属于"有其他严重情节"：

（1）因虚开增值税专用发票致使国家税款被骗取 5 万元以上的。

（2）具有其他严重情节的。

虚开税款数额50万元以上的，属于“虚开的税款数额巨大”；具有下列情形之一的，属于“有其他特别严重情节”：

（1）因虚开增值税专用发票致使国家税款被骗取50万元以上的。

（2）虚开的税款数额接近巨大并有其他严重情节的。

（3）具有其他特别严重情节的。

利用虚开的增值税专用发票实际抵扣税款或者骗取出口退税100万元以上的，属于“骗取国家税款数额特别巨大”；造成国家税款损失50万元以上并且在侦查终结前仍无法追回的，属于“给国家利益造成特别重大损失”。利用虚开的增值税专用发票骗取国家税款数额特别巨大、给国家利益造成特别重大损失的，为“情节特别严重”的范畴。

虚开增值税专用发票犯罪分子与骗取税款犯罪分子均应当对虚开的税款数额和实际骗取的国家税款数额承担刑事责任。

利用虚开的增值税专用发票抵扣税款或者骗取出口退税的，应当依照《决定》第一条的规定定罪处罚；以其他手段骗取国家税款的，仍应依照《全国人民代表大会常务委员会关于惩治偷税、抗税犯罪的补充规定》中的有关规定定罪处罚。

《决定》的第一条内容如下：

虚开增值税专用发票的，处三年以下有期徒刑或者拘役，并处二万元以上二十万元以下罚金；虚开的税款数额巨大或者有其他严重情节的，处三年以上十年以下有期徒刑，并处五万元以上五十万元以下罚金；虚开的税款数额特别巨大或者有其他特别严重情节的，处十年以上有期徒刑或者无期徒刑，并处没收财产。

案例

黄某和陈某在付某的公司做财务。2013年11月至2016年7月期间，黄某和陈某在明知该公司同23家公司没有实际货物交易的情况下，协助主犯付某记录“内账”、虚构合同、虚构资金走账、虚开增值税专用发票等，虚开税额数额合计2.57亿元。

尽管二人系从犯，但鉴于其严重的犯罪事实及后果，两人最终被法院判定为犯虚开增值税专用发票罪，分别判处有期徒刑7年，并处罚金15万元。

两个毕业不久的年轻人，收到判决书后，欲哭无泪，追悔莫及。

由此可见，虚开增值税专用发票罪有以下突出特点：

第一，量刑金额低。

第二，刑罚重、判刑期限长。

2. 虚开增值税专用发票的风险

虚开增值税专用发票的风险主要表现在两个方面：

第一，恶意取得虚开的增值税专用发票的法律风险。

纳税人在实际经营过程中，出于少纳税款的目的，往往故意做大进项税额，而取得虚开的增值税专用发票是企业常用的方式，这就是恶意取得虚开的增值税专用发票。

纳税人如果恶意取得虚开的增值税专用发票用来抵扣进项税，根据国家税务总局《关于纳税人取得虚开的增值税专用发票处理问题的通知》（国税发〔1997〕134号）的规定，将可能面临以下处罚。

（1）依照《中华人民共和国税收征收管理法》及有关规定追缴税款，并处以偷税骗税数额5倍以下的罚款。

（2）进项税金大于销项税金的，应当调减其留抵的进项税额。

（3）利用虚开的专用发票进行骗取出口退税的，应当依法追缴税款，处以骗税数额5倍以下的罚款。纳税人以上述方式取得专用发票未申报抵扣税款，或者未申请出口退税的，应当依照《中华人民共和国发票管理办法》及有关法规，按所取得专用发票的份数，分别处以1万元以下的罚款。

（4）构成犯罪的，税务机关依法进行追缴税款等行政处理，并移送司法机关追究刑事责任。

第二，善意取得虚开的增值税专用发票的法律风险。

纳税人在经营过程中，有时取得虚开的增值税专用发票，并非出于主观上的恶意，即善意得到虚开的增值税专用发票。

如何处理善意取得虚开的增值税专用发票的纳税人，国家税务总局在《国家税务总局关于纳税人善意取得虚开的增值税专用发票处理问题的通知》（国税发〔2000〕187 号）中对善意取得虚开的增值税专用发票的条件进行了明确，即必须同时满足以下两个条件：

（1）购货方与销售方存在真实交易，销售方使用的是其所在省（自治区、直辖市和计划单列市）的专用发票，专用发票注明的销售方名称、印章、货物数量、金额及税额等全部内容与实际相符。

（2）没有证据表明购货方知道销售方提供的专用发票是以非法手段获得的。

为保护纳税人的合法权益，对于善意取得虚开的增值税专用发票的纳税人，不以偷税或者骗取出口退税论处。但应按有关规定不予抵扣进项税款或者不予出口退税；购货方已经抵扣的进项税款或者取得的出口退税，应依法追缴。

同时，税法亦规定了相关的补救措施，即纳税人善意取得虚开的增值税专用发票，如能重新取得合法、有效的专用发票，准许其抵扣进项税款；如不能重新取得合法、有效的专用发票，不准其抵扣进项税款或追缴其已抵扣的进项税款。

3. 防范增值税专用发票管理风险

所以说，企业老板及相关人员一定要多加注意，杜绝主动虚开增值税专用发票，同时要提前采取一些有效的防范措施，尽量减少增值税专用发票管理中的风险。具体措施有以下五项。

（1）严加防范，避免取得虚开增值税专用发票。

纳税人在购进货物时，一定要提高防范意识，从思想上重视增值税专用发票问题，积极主动地采取一些必要措施，有意识地审查取得增值税专用发票的真实性。

对具有一般纳税人资格的客户，必须按以下要求开具增值税专用发票：

①必须具有真实的交易。

②开票金额按当月货款（冲抵配销政策后的金额）精确至元、角、分予以开具，若有预收账款，则对预收款部分在实现交易前不予提供增值税专用发票，待实现交易后再行补开增值税专用发票。

③货款的收取必须通过银行进行划转，原则上应在货款到达公司指定的银行账户后再行开具，对以现金结算的货款部分不提供增值税专用发票。

④任何公司都不得向无直接往来业务关系单位开具增值税专用发票，即使通过银行转账方式也不可。

⑤对外开具增值税专用发票，不得任意增加开票金额，必须做到订单、回款、开票一致。

⑥任何对外开具的增值税专用发票必须通过银行结算方式开具，不得同意客户现金结算换票请求。

⑦其他日常保管、管理规定按公司有关管理规定执行。

⑧各分公司应严格按照总公司统一扎账日期划分收入开票时限，凡扎账日期至月末之间发生的销售收入，一律开具次月相应日期。

⑨当月发货当月开票，凡客户请求开具前期交易未开增值税专用发票的，原则上不予以开具。

（2）了解交易对方的基本情况。

了解交易方的经营范围、经营规模、企业资质等相关情况，对其做出一个总体的评价，并评估相应的风险。一旦发现交易方有异常情况，应当引起警惕，做进一步的追查，考虑是否继续与其进行交易。

（3）交易时尽量通过银行账户划拨货款。

在交易中，通过银行账户将货款划拨到交易方的银行账户内，在这个过程中，纳税人可再次对购进业务进行监督审查，以降低相关风险。

（4）加强对相关人员的专业知识培训。

对相关业务人员进行专业的增值税专用发票知识培训，使其系统、全面地了解增值税专用发票的相关知识，能够大大降低虚开增值税专用发票的风险。

（5）完善增值税专用发票管理制度。

从制度层面来防范增值税专用发票涉税风险，是最行之有效的方法。

【工具1】 企业主营业务自查表

企业主营业务自查表如表2－3所示。

表2－3　企业主营业务自查表

会计期间：　　　　　　　　　　　　　　　　　　　　　　　　金额单位：元

		制表人		时间	
		审核人		时间	
月份	金额总计	销售商品	提供劳务	资产使用权收入	建造合同
1					
2					
3					
4					
5					
6					
7					
8					
9					
10					
11					
12					
总计					

（续表）

资产负债表日后事项调整				
财务报表批准报出日后事项调整				
自查确认金额				

自查情况说明：

1. 本表应根据企业的主营收入科目填写。

2. 要重点审核会计资料中是否存在差错，对于影响应纳所得税金额的情况，应进行纳税调整。

3. 财务报表批准报出日后的差错调整，应根据会计核算资料记录的汇算清缴年度财务报表批准报出日之后发生的会计差错事项进行

【工具2】企业主要涉税风险自查表

企业主要涉税风险自查表如表2－4所示。

表2－4　企业主要涉税风险自查表

风险项	具体说明
组织结构和业务流程设计不当所致涉税风险	（1）投资架构、股东成分。 （2）营业范围。 （3）销售、采购的业务流程（或经营方式）
收入、成本、费用的处理方式不当导致的涉税风险	（1）收入的确认。 （2）成本、费用的确认。 （3）特殊收入和成本项目的确认
关联交易的转让定价风险	（1）有形资产的销售和采购。 （2）无形资产的提供和取得。 （3）劳务的提供和接受。 （4）内部融资。 （5）与税收政策比较灵活的国家进行业务往来。 （6）向总机构支付管理费。 （7）转化子公司资本，然后将其以债务形式投入子公司

（续表）

风险项	具体说明
发票管理方面的风险	（1）增值税发票使用保管方面的风险。 （2）增值税虚开、代开方面的风险。 （3）取得虚开、代开发票及假发票的风险。 （4）其他发票使用的风险
增值税及其他税务处理上的涉税风险	比如特殊经营行为、印花税的税务处理
合规风险	与企业税务遵从义务相关，例如纳税申报义务、税源扣缴义务等
运营风险	与将税收法律、规章和税收决定运用于企业的日常经营相关。当企业没有税务意识、企业交易文件的缺失、财务和税务报告系统的控制不足时，税务风险便会产生
财务会计风险	财务会计系统和政策变化所导致的涉税风险
名誉风险	如税务机关的调查、不利的媒体报道或市场反应、股东或投资者的不信任、税务机关之外的国家行政机关负面看法、法律诉讼
组合风险	指各种涉税风险的组合

第三章
税务筹划管控：用合理合法的手段降低税务支出

企业要经营，税收是无可避免的，不过企业可通过税务筹划，即通过合理、合法的方式来进行节税、避税，以达到少交税的目的，从而减轻企业负担，实现用另一种方式增加企业收入和利润。要做到合理、合法地节税、避税，需要充分了解现行税法知识和财务知识，结合企业的筹资、投资和生产经营活动，进行合理、合法的税务筹划。

税务筹划的基本概念与操作技巧

美国的开国元勋之一、美国第一任财政部长汉密尔顿有一句名言："死亡和税收，是人生不可避免的两件事情。"税收当然是无可避免的，不过绝大多数企业面对税收时，都会采取各种措施，或合法的，或非法的，或是游离于合法、非法之间的，来减少税务支出。

1．偷税、避税、逃税、节税、骗税与税务筹划

有人说，野蛮者抗税，愚昧者偷税，糊涂者逃税，狡猾者骗税，机敏者避税，精明者节税，真正聪明者会税务筹划。

这里，我们就来了解一下偷税、避税、逃税、节税、骗税和税务筹划的含义与它们之间的区别。

（1）偷税。

偷税，是指纳税人为了少缴或不缴税款而故意违反相关税收法规，采取各种不公开的手段，如欺骗、隐瞒等方式来欺骗税务机关，达到逃避纳税的目的。

偷税是一种违法行为，它触犯了国家法律，损害了国家利益，情节严重的还会构成犯罪，要依法受到惩处。

（2）避税。

避税，是指纳税人利用税法漏洞或者缺陷钻空取巧，通过对经营及财务活动的精心安排、适当的财务安排或税收策划，在不违反税法规定的前提下，以期达到纳税负担最小的经济行为。

（3）逃税。

逃税，又称为非法避税，是指纳税人借助不法手段企图逃避纳税的一种行为。

广义上讲，逃税还包括纳税人因疏忽或过失没有履行税法规定的纳税义务的行为。

逃税不是专门的法律术语，但依据中国税务相关法律及有关规定，它有以下两个特征：

第一，逃税是一种违法行为，为法律所明文禁止。

第二，国家对逃税者会采取一定的行政措施。

广义的逃税，应包括偷税和抗税。后者是列入刑事犯罪范畴的，是逃税发展到一定阶段的极端行为。偷是秘密的，抗是公开的，偷税与抗税的表现形式不同，但性质上没有太大区别。

（4）节税。

节税，亦称税收节减，是指在不违反税收法规和政策的前提下，当有多种纳税方案可选择时，纳税人通过充分利用税法中固有的起征点、减免税等一系列优惠政策，以税收负担最低的方式来处理财务、经营、交易事项。

节税是合法而且合理的行为。

（5）骗税。

骗税，是指纳税人用假报出口等虚构事实或隐瞒真相的方法，经过公开的、合法的程序，利用国家税收优惠政策，骗取减免税或者出口退税的行为。同偷税相比，骗税具有明显的、公开的欺骗性，以非法占有国家税款为目的。

骗税主要有两种表现形式：

第一，骗取减免税。

第二，骗取出口退税。

（6）税务筹划。

所谓税务筹划，是指纳税人在税法规定的范围内，通过对经营、投资、理财等活动的事先筹划和安排，尽可能减少缴纳的税款。

2. 税务筹划的特点

税务筹划具有合法性、筹划性、目的性、整体性和专业性的特点，详见表 3 – 1。

表 3 – 1　税务筹划的主要特点

合法性	合法性指的是税务筹划只能在税收法律许可的范围内进行。这里有两层含义：一是遵守税法，二是不违反税法。合法是税务筹划的前提，当存在多种可选择的纳税方案时，纳税人可以基于对税法的熟识、对实践技术的掌握，做出最优化的纳税选择，从而降低税负
筹划性	筹划性是指在纳税行为发生之前，企业通过对经济事项进行规划、设计、安排，以达到减轻税负的目的
目的性	税务筹划有很强的目的性，它的直接目的是降低税负。这里有两层意思：一是选择低税负，低税负意味着较低的税收成本，较低的税收成本意味着较高的资本回收率；二是滞延纳税时间（这里不是指不按税法规定期限缴纳税款的欠税行为），获取货币的时间价值
整体性	税务筹划是一项企业层面的整体行为，需要纳税人对承担的所有税种以及整个经营过程进行通盘考虑和总体筹划，而不是单单针对某个税种和某个经营环节
专业性	专业性是指税务筹划需要由财税专业人员进行

3. 税务筹划的操作技巧

企业税务筹划一般从三个层面展开：

第一，组织架构层面。比如，企业可从组织架构入手，选择最优的税务架构，如集团公司、子母公司、控股公司等安排，同时还可以通过股权架构的设计与调整来进行税务筹划。

第二，商业经营层面。比如，结合企业商业促销措施的选择、并购重组模式的选用以及重大交易涉税条款的安排等进行税务筹划。

第三，税务管理层面。通过积极争取享受税收优惠政策，并利用成本费用的扣除政策等来达到节税的目的。

税务筹划的操作方法主要有以下几类。

（1）利用税收优惠进行筹划。

税收是国家调控经济的一种手段，企业可通过减免税、退税等税收优惠政策进行税务筹划。纳税人所处的行业和地区是其能否享受税收优惠的关键所在。国家为了推动特定行业和地区的经济发展，往往制定了行业性税收优惠政策。

例如，高新技术开发区的高新技术企业所得税税率为15%；利用“三废”为主要原料进行生产的企业，可在5年内减征或免征所得税；福利企业雇用“四残”人员达到35%以上免征企业所得税，在10%～35%之间减半征收企业所得税。再比如，国家为了刺激经济发展，对经济特区、经济开发区、高新开发区、保税区和“老、少、边、穷”地区都有税收优惠政策。

（2）利用注册地进行筹划。

一些规模较小的企业，可以将注册地点设在城市、建制镇之间，以节省城市维护建设税和土地使用税。因为在同一地区，建制镇的城市维护建设税、土地使用税税率比城市低。另外，也可考虑将注册地点定在“老、少、边、穷”地区或经济开发区、经济特区，以适用更低的税率。

（3）利用纳税时间进行筹划。

《中华人民共和国增值税暂行条例实施细则》（2011年修订）第三十八条规定，销售货物或应税劳务，按销售结算方式的不同，有货物发出的当天、按合同约定的日期等七种纳税义务发生时间。如果购货方资金不足，货款不能及时回笼，在签订合同时就要考虑采用赊销或分期付款方式销售货物，纳税义务发生时间能够向后推迟到合同约定的日期。

利用该条款，纳税人既可暂时使用应缴税款，获得税款的时间价值，又可避免被税务机关认定为偷税。

（4）利用征管范围进行筹划。

每一税种都有其征税范围，企业可以利用征税范围，通过变换经济行为的方式将其变为征税范围以外的行为，以进行税务筹划。

该方法主要利用非上市公司股权转让仅缴纳印花税和企业所得税，不缴纳增值税这个政策。因此，企业就可以将大多数货物交易、无形资产交易和不动产交易转化为股权转让，以免缴纳增值税。

（5）利用税目变换进行筹划

企业的同一经济行为在适当改变形式后，可将适用的税率从高税率变为低税率，这也是一种可行的税务筹划方式。

例如，A 公司利用自身的设备与技术帮助其他企业实现排放废气达标。在适用增值税税率时，A 公司可以开具三种税率发票，第一种是销售设备，此部分适用 13% 的增值税税率；第二种是 A 公司提供安装设备服务，此部分可以按照建筑劳务税目适用 9% 的增值税税率；第三种是为合作方提供全面的改造和技术服务，此部分可以按照研发和技术服务适用 6% 的增值税税率。

企业所得税太高，如何节税

在企业经营发展过程中，企业所得税是企业纳税申报的主要税种，一般需缴纳数额较大的税款。所得税负担重，是很多企业共同的痛点，如果没有对所得税进行节税筹划，或者筹划工作做得不到位，将使企业承担较高的所得税税负，降低企业的竞争力。

企业所得税的节税筹划，可按照以下几种思路来展开。

1．利用税收优惠政策进行筹划

通常，企业所得税的税率为25%，非居民企业为20%。享受税收优惠政策的主要是小微企业和高新技术企业。

根据财政部和国家税务总局于2021年4月2日发布的联合公告，自2021年1月1日至2022年12月31日，对小型微利企业年应纳税所得额不超过100万元的部分，在《财政部　税务总局关于实施小微企业普惠性税收减免政策的通知》（财税〔2019〕13号）第二条规定的优惠政策（对应纳税所得额不超过100万元的部分，减按25%计入应纳税所得额，按20%的税率缴纳企业所得税；对年应纳税所得额超过100万元但不超过300万元的部分，减按50%计入应纳税所得额，按20%的税率缴纳企业所得税）基础上，再减半征收企业所得税。

符合小微企业认定的，可以享受以上所得税优惠政策。

对于国家需要重点扶持的高新技术企业，则减按15%的税率征收企业所得税。

通过高新企业认定进行税务筹划，应注意两个要点：

第一，高新技术企业是有有效期的，并不是终身制。只有在有效期内，企业才能享受高新技术企业的有关优惠。

第二，企业即使已经被认定为高新技术企业，还要同时符合下列条件，才可享受高新技术企业优惠政策。

（1）其产品（服务）属于“国家重点支持的高新技术领域”的范围。

（2）具有大学专科以上学历的科技人员占企业当年职工总数的 30% 以上，其中研发人员占企业当年职工总数的 10% 以上。

（3）企业为获得科学技术（不包括人文、社会科学）新知识，创造性地运用科学技术新知识，或实质性改进技术、产品（服务）而持续进行了研究开发活动，且近三个会计年度的研究开发费用总额占销售收入总额的比例符合如下要求：

①最近一年销售收入低于 5000 万元的企业，比例不低于 6%。

②最近一年销售收入在 5000 万至 2 亿元的企业，比例不低于 4%。

③最近一年销售收入在 2 亿元以上的企业，比例不低于 3%。

其中，企业在中国境内发生的研究开发费用总额占全部研究开发费用总额的比例不低于 60%。企业注册成立时间不足 3 年的，按实际经营年限计算。

（4）高新技术产品（服务）收入占企业当年总收入的 60% 以上。要求企业的高新技术产品（服务）在开具发票、账务处理的时候，必须与企业有关证书、认定资料等信息中的高新技术产品（服务）名称相符才可作为高新技术产品（服务）计算。

对于符合高新技术企业认定的企业，可按优惠税率缴税；对于不符合高新技术企业认定的企业，也可在法律允许的范围内通过业务调整、转移支付等方式进行筹划。

案例

某集团下辖 A、B 两个公司（非小微企业）。其中，A 公司适用 25% 的企业所得税税率，B 企业属于需要国家扶持的高新技术企业，适用 15% 的企业所得税税率。2020 纳税年度，A 公司的应纳税所得额为 800 万元，B 公司的应纳税所得额为 900 万元。

A、B 两个公司以及该集团在 2020 纳税年度分别应当缴纳的企业所得税税款如下：

A 公司 2020 纳税年度应当缴纳企业所得税：800 × 25% = 200（万元）；

B 公司 2020 纳税年度应当缴纳企业所得税：900 × 15% = 135（万元）；

该集团 2020 纳税年度合计缴纳企业所得税：200 + 135 = 335（万元）。

税务筹划方案：

由于 A 公司的企业所得税税率高于 B 公司，该集团计划通过业务调整、转移支付等方式将 A 公司的部分收入转移到 B 公司。假设该集团通过税务筹划将 A 公司的应纳税所得额降低为 700 万元，B 公司的应纳税所得额相应增加为 1000 万元，此时 A、B 两公司及该集团在 2020 纳税年度分别应当缴纳的企业所得税税款如下：

A 公司 2020 纳税年度应当缴纳企业所得税：700 × 25% = 175（万元）；

B 公司 2020 纳税年度应当缴纳企业所得税：1000 × 15% = 150（万元）；

该集团 2020 纳税年度合计缴纳企业所得税：175 + 150 = 325（万元）。

这样，通过税务筹划，该集团可以少缴企业所得税：335 − 325 = 10（万元）。

---

2. 利用税前列支进行筹划

利用税前列支进行筹划主要表现在以下两个方面。

（1）工资薪金扣除。

我国税收相关法律规定，企业发生的合理的工资薪金支出可以进行扣除。《国家税务总局关于企业工资薪金及职工福利费扣除问题的通知》（国税函〔2009〕3 号）明确，“合理工资薪金”是指企业按照股东大会、董事会、薪酬委员会或相关管理机构制定的工资薪金制度实际发放给员工的工资薪金。

需要注意的是，并不是企业制定了相应的工资薪金发放制度并按制度规定发放，就可税前扣除全部工资薪金。税务机关对企业工资薪金扣除还会进行合理性确认，其基本原则是：

第一，企业制定了较为规范的员工工资薪金制度。

第二，企业所制定的工资薪金制度符合行业及地区水平。

第三，企业在一定时期所发放的工资薪金是相对固定的，工资薪金的调整是有序进行的。

第四，企业对实际发放的工资薪金，已依法履行了代扣代缴个人所得税义务。

第五，有关工资薪金的安排，不以减少税款或逃避纳税为目的。

企业在申请扣除工资薪金时要注意同时满足上述要求。

（2）捐赠的税前扣除。

《中华人民共和国企业所得税法》第九条规定，企业发生的公益性捐赠支出，在年度利润总额12%以内的部分，准予在计算应纳税所得额时扣除。

在进行这种扣除操作时，需要注意以下几点：

第一，并不是所有的捐赠支出均可税前扣除，比如与生产经营活动无关的非广告性质的赞助支出就不可税前扣除。

第二，企业通过公益性社会团体或者县级以上人民政府及其部门，用于公益事业的捐赠支出才可税前扣除，通过其他途径捐赠的支出不可税前扣除。

第三，第二点中的“公益性社会团体”，是指经民政部门依法登记，在民政部门对基金会、公益性社会团体（不含基金会）进行年度检查，做出年度检查合格的结论，其社会组织评估等级在AAA级以上（含AAA级），且评估结果在有效期内的基金会、慈善组织等公益性社会团体。

另外，企业要进行最大限度的税前费用列支，还要做到以下几点：

第一，发生商品购销行为要取得符合要求的发票。

第二，费用支出要取得符合规定的发票。

第三，费用发生要及时入账。

第四，适当缩短摊销期限，增大前几年的费用扣除，以递延纳税时间。

第五，对不限额列支的费用充分进行列支，对限额列支的费用应准确掌握列支标准。

3．利用公司组织形式进行筹划

我国相关政策规定，不同的企业组织形式将会对纳税人税负产生不同的影响。以子公司为例，子公司是独立法人的，需要作为独立的纳税义务人单独缴纳所得税；而子公司不具备独立法人资格时，利润则需并入母公司汇总进行纳税。

另外，外商投资企业也会享有某些税收优惠政策。比如，所谓“免二减三”所得税优惠政策，就是针对生产性外商投资企业而制定的，具体内容如下：经营期限在10年以上的，从获利年度起，第1年、第2年免征所得税，第3年至第5年减半征收企业所得税。外商投资企业实际经营期限不满10年的，应当补缴已免征、减征的企业所得税。

因此，不同的公司组织形式可对企业税负产生不同影响，企业在设立阶段，就要充分考虑这一因素。

如何解决“增值税高”的问题

增值税是一种主要的流转税，是我国最主要的税种之一，也是最大的税种。增值税收入占中国全部税收的60%。它是以商品（含应税劳务）在流转过程中产生的增值额作为计税依据而征收的一种税。对增值税进行合理筹划，能够增加企业现金流，实现企业价值的最大化。

1. 利用税收优惠政策进行筹划

我国税法对不同的产品、服务、行业制定了各种减免增值税的优惠政策。现行税法中关于增值税的减免政策就有170余项。企业在做增值税税务筹划时，应充分研究税收优惠政策，这是最实用、最直接、零风险的减税方法。

当前，增值税优惠政策主要有以下六种。

（1）农业类税收优惠政策。

①农业生产者销售的自产农产品免征增值税。

②部分农业生产资料免征增值税。

③农民专业合作社税收优惠政策。

（2）资源综合利用产品增值税税收优惠政策。

销售自产货物，如再生水、翻新轮胎、以废旧轮胎为全部生产原料生产的胶粉等，实行免征增值税优惠政策。

（3）促进残疾人就业增值税税收优惠政策。

①残疾人个人提供的加工、修理修配劳务免征增值税。

②对安置残疾人的单位，符合一定条件的，实行由税务机关按单位实

际安置残疾人的人数，限额即征即退增值税。

（4）医疗机构增值税税收优惠政策。对非营利性医疗机构自产自用的制剂，免征增值税。

（5）低税率增值税优惠政策。

一般纳税人销售或者进口粮食、自来水、图书等商品，增值税税率为11%。

（6）地方性税收优惠政策。

为了发展区域经济，国家及地方都出台了一系列的区域性税收优惠政策，多数经济开发区出台了财政扶持政策，例如江西、浙江、天津、上海等地都有很好的税收优惠政策。将公司注册在税收洼地，可享受当地的税收奖励和优惠。

2．通过改变纳税人身份进行筹划

一般纳税人与小规模纳税人的税率和征收方式的差异为增值税税务筹划带来了一定的空间。企业可以通过计算自身的税负平衡点来选择纳税人身份，从而达到降低增值税的目的。

案例

甲公司是一家矿产开采企业，是增值税一般纳税人。乙公司是甲公司新近收购并控股的矿石开采企业，乙公司于2007年11月中旬注册，是增值税小规模纳税人，两公司同在一个地区。

根据《财政部 国家税务总局关于金属矿、非金属矿采选产品增值税税率的通知》（财税〔2008〕171号文件）规定，自2009年1月1日起，将金属矿、非金属矿采选产品增值税税率由13%恢复到17%，对于矿产生产企业来说，税率的提高意味着税负的增加，从而直接造成公司经济效益的下降。为了节税，甲公司做出以下安排。

第一，确定矿产品不含税定价。将2009年1月1日前的含税价作为2009年的销售价，对于甲公司是不利的。增值税作为流转税具有转嫁性，是由购买者来承担的。甲公司开采的石灰石产品一般是生产水泥产品的原材料，大多数销售给水泥制造企业，这些企业均为一般纳税人。一个正常生产经营的企业，必然是销项税金大于进项税金，会缴纳增值税。

第二，保证公司的产品利润率。自 2009 年起，甲公司所有石灰石销售价以不含税价为基础，与客户签订销售合同，以此将增值税税率增加的税负转嫁给了客户。而甲公司的客户多支付了 4% 的税款，可以作为进项税金进行抵扣，不会增加客户的成本，没有增加客户的资金流出。

另根据修订后的《中华人民共和国增值税暂行条例》，自 2009 年 1 月 1 日起，将小规模纳税人的增值税税率统一降低至 3%，甲公司与乙公司都为非金属矿石灰石开采企业，前者是增值税一般纳税人，后者是增值税小规模纳税人，石灰石销售另一部分市场是公路建设部门和房地产建设公司及个人，分别用作公路基础路面的铺设和房屋建筑物基础的浇筑，这一类用户很多不是增值税一般纳税人，不需要取得增值税专用发票。为此，增值税筹划策略可按以下方式进行。

纳税筹划前：一般纳税人销售产品给非一般纳税人，适用的增值税税率为 17%。以甲公司为例，由于进项税金仅限于炸药、电费、运费等少量物资劳务，增值税税负在 9.5% 左右（实缴增值税/主营业务收入）。

增值税筹划方案：对于非一般纳税人的用户，因小规模纳税人的增值税税率为 3%，乙公司销售产品比甲公司有优势，增值税税负下降 6.5%。

例如，2009 年某客户公司向甲公司购入石灰石价税共计 45 万元，A 公司实现的收入为 45 ÷ 1.095 = 41.1（万元），改由乙公司销售给该客户，则乙公司实现的收入为 45 ÷ 1.03 = 43.69（万元）。以销售含税额 45 万元计算，转移销售后 B 公司可增加利润 2.59 万元。

需要注意的是，《中华人民共和国增值税暂行条例实施细则》（2011 年修订）第二十八条规定：“条例第十一条所称小规模纳税人的标准为：（一）从事货物生产或者提供应税劳务的纳税人，以及以从事货物生产或者提供应税劳务为主，并兼营货物批发或者零售的纳税人，年应征增值税销

售额（以下简称应税销售额）在50万元以下（含本数，下同）的；（二）除本条第一款第（一）项规定以外的纳税人，年应税销售额在80万元以下的。”

根据上述规定，公司销售额达到规定的标准就必须办理一般纳税人认定手续，而且根据《中华人民共和国增值税暂行条例实施细则》（2011年修订）第三十三条“除国家税务总局另有规定外，纳税人一经认定为一般纳税人后，不得转为小规模纳税人”的规定可知，此纳税人身份具有不可逆转性。

3. 通过合理销售的方法进行筹划

根据我国税法的相关规定，以现金折扣方式销售货物时，折扣金额应在发生后计入财务费用。这种费用不能从销售额中扣除，不能达到节税效果。但如果货物可通过商业折扣销售，当折扣金额和销售金额列在同一张发票上时，就能根据打折后的余额计算和缴纳增值税。这种情况下，增值税会减少，从而减少企业增值税支出。

4. 通过延长增值税缴纳时间进行筹划

如果企业的现金流比较紧张，还可采取延长缴纳增值税时间的方式，来达到降低税负的目的，也可实现企业利益的最大化。比如，企业采取商业承兑汇票或者在当期进行进项税额抵扣的方式，使纳税时间得到相应的延长。

消费税筹划的五个操作方向

消费税，是以消费品的流转额作为课税对象的各种税收的统称，是政府向消费品征收的税项，也是政府在对货物普遍征收增值税的基础上，选择少数消费品进行再征收的一个税种。消费税是典型的间接税。

征收消费税，是为了调节产品结构，引导居民消费方向，同时也是为了保证国家财政收入。

企业通过合理、合法的手段进行消费税筹划，可以达到节税的目的，降低不必要的税务支出和涉税风险。

1. 从投资源头上进行税务筹划

消费税并不是一个普遍征收的税种，而是选择性征收的。根据《中华人民共和国消费税暂行条例》(2008 年修订)，目前我国对消费税的征收范围仅限于 14 种商品（表 3－2）。

表 3－2　消费税税目与税率

税目		税率
一、烟	1. 卷烟	
	(1) 甲类卷烟	45% 加 0.003 元/支
	(2) 乙类卷烟	30% 加 0.003 元/支
	2. 雪茄烟	25%
	3. 烟丝	35%

（续表）

税目		税率
二、酒及酒精	1. 白酒	20%加0.5元/500克（或者500毫升）
	2. 黄酒	240元/吨
	3. 啤酒	
	（1）甲类啤酒	250元/吨
	（2）乙类啤酒	220元/吨
	4. 其他酒	10%
	5. 酒精	5%
三、化妆品		30%
四、贵重首饰及珠宝玉石	1. 金银首饰、铂金首饰和钻石及钻石饰品	5%
	2. 其他贵重首饰和珠宝玉石	10%
五、鞭炮、焰火		15%
六、成品油	1. 汽油	
	（1）含铅汽油	0.28元/升
	（2）无铅汽油	0.20元/升
	2. 柴油	0.10元/升
	3. 航空煤油	0.10元/升
	4. 石脑油	0.20元/升
	5. 溶剂油	0.20元/升
	6. 润滑油	0.20元/升
	7. 燃料油	0.10元/升
七、汽车轮胎		3%

（续表）

税目		税率
八、摩托车	1. 气缸容量（排气量，下同）在250毫升（含250毫升）以下的	3%
	2. 气缸容量在250毫升以上的	10%
九、小汽车	1. 乘用车	
	（1）气缸容量（排气量，下同）在1.0升（含1.0升）以下的	1%
	（2）气缸容量在1.0升以上至1.5升（含1.5升）的	3%
	（3）气缸容量在1.5升以上至2.0升（含2.0升）的	5%
	（4）气缸容量在2.0升以上至2.5升（含2.5升）的	9%
	（5）气缸容量在2.5升以上至3.0升（含3.0升）的	12%
	（6）气缸容量在3.0升以上至4.0升（含4.0升）的	25%
	（7）气缸容量在4.0升以上的	40%
	2. 中轻型商用客车	5%
十、高尔夫球及球具		10%
十一、高档手表		20%
十二、游艇		10%
十三、木制一次性筷子		5%
十四、实木地板		5%

据此，企业如果想从源头上节税，可以在做投资决策的时候有意避开上述消费品，而选择其他符合国家产业政策、在流转税及所得税方面有优

惠政策的产品进行投资，在市场前景好的情况下，企业选择这类项目投资，也可以达到减轻消费税税收负担的目的。

从以上规定也可以看出我国消费税税目还存在一定的“漏洞”，比如对一些高档消费品如高档家具、古玩字画等并未征收消费税；另外，对一些高消费行为如卡拉 OK、桑拿、按摩，以及电子游戏等娱乐业也未征收消费税。

除此之外，包括塑料袋、一次性餐盒及其他可能会对环境造成污染的产品，目前虽然未被征收消费税，但随着税务法律法规的不断完善，它们很可能会被列入消费税征收的范围。企业在选择涉及上述产品项目的投资时，应谨慎对待，多做一些长远的打算和考虑。

2．利用消费税税率的临界点进行税收筹划

消费税税率有比例税率和定额税率两种，选择哪种形式的消费税税率，要根据征税对象的具体情况来定。一般来说，对那些供求基本平衡、价格差异不大、计量单位规范的消费品，选择计税简便的定额税率；而对那些供求矛盾突出、价格差异较大、计量单位不规范的消费品，则选择价税联动的比例税率。

这种规定，就给了纳税人进行税务筹划的机会。纳税临界点就是税法中规定的一定的比例和数额，当销售额或应纳税所得额超过这一比例或数额时就应该依法纳税或按更高的税率纳税，从而使纳税人税负大幅增加；反之，纳税人则可以享受优惠，降低税负。

3．通过企业合并进行消费税筹划

《中华人民共和国消费税暂行条例》（2008 年修订）第四条规定：纳税人自产自用的应税消费品，用于连续生产应税消费品的，不纳税。根据这条规定，可以通过企业合并的方式，把适用高税率的产品转向适用低税率的产品，节省消费税。

因为企业合并使原来企业与企业之间的购销行为转变为企业内部的购销行为，而企业内部的购销行为是不需要缴纳消费税的。如果两家企业之间存在原材料供应关系，则在合并前企业间原材料供应关系为购销关系，应按正常的购销价格缴纳消费税；合并后企业之间的原材料供应关系转变为企业内部的原材料转让关系，内部转让环节不缴纳消费税，而是递延到对外销售环节再缴纳。如果后一环节的消费税税率较前一环节的消费税税率低，那么通过企业合并可直接减轻企业的消费税税负。

案例

某地有A、B两家酒品企业，都是独立核算的法人企业。其中，A酒厂主要生产纯粮白酒，以当地生产的大米和玉米为原料进行酿造，适用20%的消费税税率。B酒厂以A酒厂生产的粮食酒为原料，生产系列药酒，适用10%的消费税税率。A酒厂每年要向B酒厂提供价值3亿元的粮食酒。经营过程中，B酒厂遇到了经营瓶颈，举步维艰，即将破产，此时，B酒厂尚欠A酒厂8000万元货款；经评估，B酒厂的资产恰好也为8000万元。A酒厂领导班子经过研究，决定对B酒厂实行并购，其依据如下：

（1）实现并购的费用支出并不大。

目前，B酒厂的资产和负债均为8000万元，净资产为零。因此，按照现行税法规定，该并购行为属于以承担被兼并企业全部债务的方式实现吸收合并，不视为被兼并企业按公允价值转让、处置全部资产，不计算资产转让所得，不用交纳企业所得税。此外，两家企业之间的并购行为属于产权交易行为，按照税法规定，不用交纳营业税，其他各项开支也比较小。

（2）并购可以递延部分税款。

收购前，A酒厂向B酒厂提供的粮食酒，每年应该交纳的税款：

应交消费税 $=30000\times20\%=6000$（万元）

由于两家企业变成一家企业，两家企业间的交易活动变成内部两个部门间的半成品传递活动，这笔税款在合并后就不用马上缴纳（向后面的销售环节转移了）。这样，A酒厂通过合并延缓了部分税款的交纳，获得了资金的时间价值。

（3）B酒厂生产的药酒市场前景很好。

A 酒厂并购 B 酒厂后，可以将经营的主要方向转向药酒生产，而且经过转向后，企业应交的消费税将减少。由于粮食酒的消费税税率为 20%，而药酒的消费税税率为 10%，如果企业转为药酒生产企业，则税负会大大减轻。

以每年的药酒销售额为 4 亿元计算，则合并后 A 酒厂应交的消费税：

$$40000 \times 10\% = 4000\ (\text{万元})$$

而在合并前，A 酒厂同样数量的销售额应该交纳消费税为 8000 万元，两者相差 4000 万元。而这 4000 万元就是节省的消费税税金。

---

4. 借助包装物进行税务筹划

现在消费者对商品包装的要求越来越高，但是企业如果一味提高包装规格的话，很容易会陷入高税收负担的泥潭。

应税消费品的包装物是否应当计征消费税呢？

《中华人民共和国消费税暂行条例实施细则》第十三条规定：“应税消费品连同包装物销售的，无论包装物是否单独计价以及在会计上如何核算，均应并入应税消费品的销售额中缴纳消费税。如果包装物不作价随同产品销售，而是收取押金，此项押金则不应并入应税消费品的销售额中征税。但对因逾期未收回的包装物不再退还的或者已收取的时间超过 12 个月的押金，应并入应税消费品的销售额，按照应税消费品的适用税率缴纳消费税。

“对既作价随同应税消费品销售，又另外收取押金的包装物的押金，凡纳税人在规定的期限内没有退还的，均应并入应税消费品的销售额，按照应税消费品的适用税率缴纳消费税。”

案例

A 公司是生产轮胎的增值税一般纳税人，2021 年 4 月，该公司销售轮胎 1000 个，轮胎售价为每个 800 元，另有包装物 800 个，每个价值 100 元（不含增值税）。轮胎的消费税率为 10%。

如果该公司将包装物随同轮胎一同出售，则包装物应并入轮胎售价当中一并征收消费税，应纳消费税税额为：

应纳消费税 = （1000 × 800 + 100 × 800） × 10% = 88000（元）

如果该公司将轮胎包装物不作价销售，而是另外收取 100 元押金，则此项押金不并入应税消费品的销售额计征消费税，企业应纳消费税税额为：

应纳消费税 = 1000 × 800 × 10% = 80000（元）

这样就可以通过对包装物的税务筹划而达到节税的目的，节省消费税 8000 元，需要注意的是，如果包装物押金未在规定期限内收回，则此项押金会被视为企业的销售收入而纳税。由于收取的押金作为价外费用，属于含税款项，应将押金换算为不含税收入计征税款，则该种情况下 A 公司应纳消费税为：

应纳消费税 = 1000 × 800 × 10% + 100 × 800 ÷ (1 + 17%) × 10% = 86837.61(元)

如此一来，节税金额将大大减少，因此，A 公司只有将轮胎包装物收取押金，并在规定的期限内将包装物押金收回，才能达到最大限度节税的目的。

---

5. 通过兼营多种不同税率的应税消费品进行税务筹划

我国税法有这样的规定：纳税人兼营不同税率的应税消费品应当分别核算不同税率应税消费品的销售额、销售数量。没有分别核算销售额、销售数量的从高适用税率。另外，对于粮食酿造的白酒除了要征收 20% 的比例税外，还要征收 0.5 元/500 克的定额税。因此，当与之相比税率较低的应税消费品与其组成成套消费品销售时，不仅要按 20% 的高税率从价计税，而且还要按 0.5 元/500 克的定额税率从量计税。

因此，企业兼营不同税率应税消费品时最好独立核算不同产品以降低税负。在账务处理环节对不同产品分别核算销售收入，以降低应税消费品的总体税负，或者将税率相同或相近的消费品组成成套产品销售。

【工具】企业增值税专用发票管理制度示例

增值税专用发票管理制度

为了加强财务管理，避免因增值税专用发票管理不善而给企业和个人造成不必要的损失，特制定如下管理制度：

第一条　增值税专用发票的领购和保管

1. 财务部设增值税专用发票专管员，负责增值税专用发票的购买、保管和开具。

2. 对增值税专用发票的保管要做到安全保险，保管的地方加装必要的防盗门、防盗窗、保险柜等。

3. 发票专管员要根据工作需要及时到税务机关办理发票领购和缴销，不得因工作拖延而影响公司的经营。

4. 无论由何种原因造成发票丢失或被盗都将追究责任人和部门负责人的责任。

第二条　增值税专用发票的开具和使用

1. 因销售经营工作需要开具增值税专用发票的部门，经办人要持业务单位的详细资料并对其准确性负完全责任。

一般要有业务单位的名称、地址、电话、开户银行及账号、邮编、联系人、品名、数量、单价、金额等。

2. 增值税专用发票专管员应根据经办人员及客户提供的开票信息认真

开具，开具合格率要达到100%。

3. 增值税专用发票开具后，应由业务经办人员仔细核对无误后，在发票第四联（记账联）签字领用。

4. 开具后的增值税专用发票存根联及时装订，并妥善保存，保存期为15年以上，到期由负责人监督处理。

第三条　增值税专用发票的传递

1. 财务人员应及时将开具的增值税专用发票做账务处理，及时办理挂账待收手续。

2. 业务人员开具增值税专用发票后，应及时交给对方财务部有关部门办理发票挂账待付手续，对无特殊情况而对方客户两个月内未挂账的，应追究相关人员的责任，造成严重后果的要根据情节相应做出处理。

3. 因传递需要，须邮寄增值税专用发票的，经办人要避开密码区折叠，准确写明收件人地址，并保存好邮寄小票以备追查（一般采用特快专递邮寄方式）。对在邮寄过程中发生的增值税专用发票丢失，经办人要承担责任。

本制度由公司财务部门负责解释。

第四章
税务稽查管控：企业如何妥善应对税务稽查

税务稽查是纳税人不得不面对的。每个企业在经营中，都有可能受到税务机关的稽查。不少老板都害怕税务机关上门稽查，虽然说身正不怕影子斜，但是企业在实际操作中出现一些自身都难以察觉的错误也是在所难免的。因此，对于税务稽查，企业应持一种理性而又积极的态度，以应对、积极配合税务稽查人员的稽查，从而降低涉税风险。

什么是金税三期

金税工程，是国家电子政务“十二金”工程之一，是一个覆盖全国（除港、澳、台地区，下同）的庞大税收征管系统，在我国经济社会生活中发挥着举足轻重的战略作用。金税工程已经经历了一期和二期，当前正在运行的是三期，即金税三期。

1994 年，金税工程一期开始在全国部分城市试点。1998 年，金税工程二期正式立项。2000 年 8 月，国家税务总局进一步提出金税二期建设方案，经国务院批准后加快了建设步伐。自 2001 年 1 月 1 日起，金税二期四个子系统在“五省四市”开通运行，2001 年 7 月 1 日四个系统在另外 22 省、区开通运行，国家税务总局到省、市、县国税局的四级网络全部联通，金税工程覆盖全国所有省、市、县。

2016 年 5 月 1 日，中国完成了营改增的全覆盖，意味着增值税实现了对我国所有企业经济活动的覆盖。同时，金税三期也在全国各地的税务机关完成全面上线。

金税三期的全面上线，对我国税收征管工作有着里程碑式的意义。它是一项全面的税收管理信息系统工程，依托大数据和云计算等新技术手段，通过互联网将工商、公安、税务、社保、质检、统计、银行等所有相关行政管理部门权限打通，实现了同其他部门的联网。金税三期致力于搭建“一个平台、两级处理、三个覆盖、四个系统”：

“一个平台”是指包含网络硬件和基础软件的统一的技术基础平台。

“两级处理”是指依托统一的技术基础平台，逐步实现数据信息在总局和省局集中处理。

“三个覆盖”是指应用内容逐步覆盖所有税种，覆盖所有工作环节，覆盖国地税并与相关部门联网。

“四个系统”是指通过业务重组、优化和规范，逐步形成一个以征管业务系统为主，包括行政管理、外部信息和决策支持在内的四个应用系统。

金税三期功能更强大、内容更完备、流程更合理、运行更通畅，它统一了全国的税收征管和税务系统软件，避免了各地各自为政，使税务机关对纳税人的全面监控进入了一个全新的时代。直白来讲，纳税人在税务机关面前变得更加透明。纳税人几乎所有的经营行为都会被纳入税务机关的监控范围：

（1）企业的日常经营事项都会在金税三期的监控中留下记录，它能够追踪到企业的资金流、票据流。

（2）金税三期借助大数据，输入企业纳税人识别号，即可追查到该识别号下的进项发票和销项发票，以及是否购入了假发票等，一目了然。

（3）税务、工商、社保、统计、银行等各个部门权限被打通后，企业的个税、社保、公积金、残保金、银行账户等，将会在税务系统里面一览无余，违规操作而不被察觉的概率趋于零。

因此，企业的违规操作在金税三期面前将无所遁形，涉税风险将大大提升。

金税三期系统，通常会从六个维度来对企业进行研判：

1．收入

金税三期大数据通过对比成本和费用，对比企业开出的发票、收到的货款和发出的货品情况，或是查询关联交易方的相关账务数据，来判断企业是否隐匿了销售收入。

2．成本费用

有些企业常出现以下三种情况：

一是企业购入原材料或商品而采取暂估入库。

二是企业为了压低原材料和商品进价，而不索要发票。

三是计提了费用，但却没有费用发票。

对于以上情况，金税三期大数据会分析比对企业的所有支出数额、相应的商品或服务，以及发票开具记录。正常情况下，它们应该是一一对应的，缺少了任何一项，都会被系统判为异常。

3. 库存

企业库存包括原材料、半成品和成品库存。通常，企业的库存量都会在一个相对稳定的范围内呈周期性波动。

因此，如果企业只有销售数据，而缺乏对应的原材料购入数据，那么，金税三期大数据就会判定企业库存处于递减状态，并形成电子对账单同企业的库存进行比对，以发现问题。

同样，如果企业只有购入数据，而缺乏对应的销售数据，金税三期大数据就会判定企业库存处于递增状态，同样会形成电子对账单来对比企业库存，从而发现其中的异常。

4. 银行账户

过去，有些企业售出货物且收到了货款，但却没有入账；或者企业得到了虚开的发票，而账户中的资金并没有相应地减少。这些情况在金税三期上线以前是很难识别的，现在，税务机关很容易就能识别以上企业银行账户中的异常信息。

5. 利润

以往，有些企业为了避税，往往会少报利润，企业内账中的实际利润同外账中企业所得税申报表中的利润数额通常不一致。

金税三期上线后，可以很轻松地通过企业的收入信息和成本信息，计算出企业的实际利润，从而将企业隐匿的利润挖出来。

6. 应纳税额

如果企业的增值税额与企业毛利不匹配；如果企业的期末存货与留底税金不匹配；如果企业实收资本增资了，而印花税却为0；如果企业增值税额偏低；如果企业所得税贡献率长期偏低；如果企业应纳税额变动太大；等等。

对于这些情况，金税三期通过比对企业的收入、成本、利润、库存、资产、资本、税务数据、往期税收数据等，都可以发现企业应纳税数额的异常。

话说回来，不论金税三期的功能有多强大，只要企业合法合规经营，进行规范的财务管理，依法纳税，那么就完全无须担心。

但如果企业财税管理存在一些漏洞，则应抓紧时间查漏补缺，规避财税风险。

首先，要加强人员培训，提高企业财税管理水平。

企业包括老板在内的相关人员，要认真学习、研究金税三期的相关知识、特点，做到与时俱进，提高企业的财税管理水平和综合处理能力。

其次，要建立完善的内控制度和内控流程。

结合金税三期，企业应建立完善的内部财税监督控制管理制度和流程，使相关员工在处理财务、税务问题时有章可依，在出现问题时能够通过规范的内控流程及时发现，并做好应急处理，以最大限度降低企业的财税风险。

税务稽查：查什么、怎样查、为什么被查

所谓税务稽查，简而言之，就是税务机关代表国家对纳税人的纳税事项和纳税资料进行监督的一个过程，它是税收征收管理工作的一个重要环节。

税务稽查是市场经济环境下的一种特殊的经济监督管理手段，能够保证税收政策的顺利贯彻执行、各项税收法律法规的有效实施，进而实现税收分配的预期目标。税务稽查具体包括日常稽查、专项稽查和专案稽查。

1. 税务稽查查些什么？

税务机关根据国家税收法律法规要求，依法查处税收违法行为，保障国家税收收入，维护正常的税收秩序，促进依法纳税，保证税法的顺利实施。税务稽查的具体任务主要包括以下三个方面：

第一，纳税人执行税法以及履行正常纳税义务的情况。

第二，纳税人执行财务纪律、制度以及会计准则的情况。

第三，纳税人的内部经营管理和核算情况。

另据《中华人民共和国税收征收管理法》，税务稽查被赋予的执法权力有查账权、场地检查权、责成提供资料权、询问权、查证权、检查存款账户权、税收保全措施权、税收强制执行措施权等。

税务稽查的范围主要有以下三个方面。

第一，纳税人对税务相关法律、法规、制度等的贯彻执行情况。

第二，纳税人生产经营活动及税务活动的合法性。

第三，纳税人有无偷税、逃税、抗税、骗税、漏税及滞纳情况。

2. 税务稽查的对象是谁？

税务稽查的对象，通常是由以下几种方式确定：

第一，被税务机关随机抽检到的企业。

税务机关不可能全面稽查每家企业，所以抽查是税务机关主要的工作方法之一。如果你的公司碰巧被抽到了，税务机关工作人员自然而然就会过来稽查。

第二，国家整治行业涉及的企业。

国家对某个具体行业进行彻查，而你的公司碰巧属于该行业，税务机关工作人员就可能会来稽查。

第三，被人举报的企业。

如果企业存在偷税漏税情况，被内部人员、竞争对手举报了，证据充分的话，税务机关也会派人来稽查。

第四，被金税三期大数据分析出有纳税异常的企业。

金税三期上线后，大数据分析已经成为税务稽查的一大利器。金税三期系统通过对企业涉税数据进行分析，得出企业经营是否异常的初步判断，存在经营异常的企业会被归类到税务稽查的“异常企业数据库”里，这样的企业被稽查的概率大大提升。

3. 税务稽查部门有何权限？

税务稽查的主体是各级税务机关，准确地说是县级以上的税务局所属的稽查局，这些机构具有税务稽查管理和税务稽查执法的双重职责。根据《中华人民共和国税收征收管理法》以及《中华人民共和国税收征收管理法实施细则》，税务稽查部门在进行税务稽查过程中有以下权限：

第一，检查纳税人的账簿、记账凭证和报表等相关资料。

第二，对存在偷逃税款行为的纳税人采取税收保全措施。

第三，向有关部门咨询相关纳税人的纳税情况。

第四，对纳税违法案件有调查取证的权力。

4．税务稽查如何实施？

在对纳税人实施税务稽查之前，税务机关需充分了解被稽查对象的相关情况，并据之确定有针对性的稽查措施。随后，要向被稽查对象发出书面通知，告知其稽查的具体时间以及需要对方准备的资料等。需要注意的是，对于那些被举报存在税收违法嫌疑的纳税人，税务机关可以不必事先通知。

在实施稽查时，稽查人员一般 2 人一组，稽查前会向被查对象出示税务检查证和《税务检查通知书》。稽查人员通过实地检查、询问、调取账簿资料、提取证据原件、调研空白发票、调取发票原件、检查电子信息系统、检查存款账户等方式开展稽查工作。

有关法律规定，税务稽查实施过程中有以下回避事项：

当稽查人员与纳税人、扣缴义务人或者其法定代表人、直接责任人有下列关系之一的，应当申请回避。

（1）夫妻关系。

（2）直系血亲关系。

（3）三代以内旁系血亲关系。

（4）近姻亲关系。

（5）可能影响公正执法的其他利害关系。

当事人依法享有要求稽查人员回避的权利，不过对于稽查人员是否需要回避，最终应由税务稽查部门的领导来裁定。

5．哪种稽查对象会被立案查处？

当税务稽查对象出现下述情形之一的，会予以立案查处：

第一，偷税、逃避、欠税、骗取出口退税、抗税，以及为纳税人、扣缴义务人非法提供银行账户、发票、证明或者其他方便，导致税收流失的。

第二，查补税额在 5000 元至 2 万元以上的（具体标准由省、自治区、直辖市税务机关根据本地情况在此幅度内确定）。

第三，私自印制、伪造、倒卖、非法代开、虚开发票，非法携带、邮寄、运输或者存放空白发票，伪造、私自制作发票监制章和发票防伪专用品的。

第四，税务机关认为需要立案查处的其他情形。

了解税务稽查的基本方法

税务稽查人员在实施税务稽查时，为发现税收违法现象，通常采取的稽查方法有查账方法、分析方法、调查方法等。

1. 查账方法

查账方法按照审查方法分为审阅法和核对法，按照审查的详细程度分为详查法和抽查法，按照查账顺序分为顺查法和逆查法。

（1）审阅法。

审阅法是指对被稽查对象的相关书面资料进行详细阅读、审查、研究，以发现疑点、得到稽查证据的一种方法。

审阅法适用于对所有企业经济业务的检查，特别适用于那些内容本身存在数据逻辑关系和需核对依据的情况。审阅法的审查内容主要包含两个方面：一是与会计核算组织有关的会计资料；二是除了会计资料以外的其他经济信息资料以及相关资料，如一定时期的内外部审计资料、购销和加工承揽合同、车间和运输管理等方面的信息资料。

审阅法重点要对以下材料进行审阅：

①会计资料。

②记账凭证。

③账簿。对账簿的审阅除了审阅总账与明细账、账簿与凭证的记录是否相符以外，重点应审阅明细分类账。

④会计报表。审阅会计报表时不能仅仅局限于对资料本身的评价，更主要的是对资料所反映的经济活动过程和结果做出正确的判断或评价。

⑤其他资料。对会计资料以外的其他资料进行审阅，一般是为了进一步获取全面信息。在实际工作中，应视检查的具体情况审阅其他有关资料。

需要注意的是，采用审阅法时，除应审阅上述资料本身的合法性、合理性外，还应结合所掌握的其他资料进行审阅。同时，还应注意时间逻辑关系的审阅，应审核资料所反映的日期与经济业务发生日期、会计核算记录日期是否存在矛盾的情况。

（2）核对法。

核对法是指对被稽查对象的会计资料或其他资料进行核对和验证检查的一种方法。此方法必须结合其他检查方法运用，才能达到检查的目标。

税务机关利用核对法进行税务稽查，会重点核对以下事项：

①会计资料之间的相互核对。

②会计资料与其他资料之间的核对。

③证证核对。

④账证核对。进行账证核对时，一般采用逆查法，即在查阅有关账户记录时，如果发现被查企业的某笔经济业务发生或记录存在疑问，可以将其与记账凭证及原始凭证进行核对，以求证是否存在问题。

⑤账账核对。通过账账核对，可以发现诸如利用存货账户直接转销的方式隐瞒销售收入、在建工程耗用自产货物或外购货物未记销售或未做进项税额转出、以物易物销售货物未记销售等涉税问题。

⑥账表核对。其目的在于查明账表记录是否一致，报表之间的勾稽关系是否正常。

⑦账实核对。账实核对是指采用实物盘存与账面数量比较、金额计算核对的方法，核实存货的账面记录与实际库存是否一致，查明实物是否真实、数量是否正确，账面记录是否真实、准确。另外，核对时，稽查人员要有计划、有重点地对企业生产经营的主要和重要财产进行盘点和核对。

查账方法还有其他几种会用到的方法，详见表 4－1。

表 4－1　税务稽查的其他查账方法

方法	描述	适用范围
详查法	又称全查法或详细审查法，是指对被稽查对象在检查期内的所有经济活动、涉及经济业务和财务管理的部门及其经济信息资料，采取严密的审查程序，进行详细的审核检查	适用于规模较小、经济业务较少、会计核算简单、核算对象比较单一的企业，或者为了发现重大问题而进行的专案检查，以及在整个检查过程中对某些（某类）特定项目、事项所进行的检查
抽查法	抽查法具体分为两种：一是重点抽查法，即根据检查目的、要求或事先掌握的纳税人有关纳税情况，有目的地选择一部分会计资料或存货进行重点检查；二是随机抽查法，即以随机方式，选择纳税人某一特定时期或某一特定范围的会计资料或存货进行检查	抽查法不仅在检查的基础、环境、内容上与详查法不同，而且其使用的基本方法也与详查法不同，主要表现在必须按程序进行抽查，即首先制定抽查方案，然后实施具体抽查，最后分析和判断抽查结果
顺查法	又称正查法，是指按照会计业务处理程序依次进行检查的方法	适用于业务规模不大或业务量较少的被稽查对象，以及经营管理和财务管理混乱、存在重大问题的被稽查对象和一些特别重要项目的检查
逆查法	又称倒查法，是指按照会计处理程序的相反方向，由报表、账簿到凭证的一种检查方法。从检查技术上看，逆查法主要运用了审阅和分析的技术方法，根据重点和疑点，逐个进行追踪检查	主要适用于对大型企业以及内部控制制度健全、内部控制管理严格的企业的检查，但不适用于某些特别重要项目的检查。

2. 分析方法

所谓分析方法，就是采取各种分析技术，对与被稽查企业会计资料有内在联系的财务管理信息、税款缴纳情况进行系统和重点的审核分析，以确定涉税疑点和线索，并进行追踪检查的一种方法。常用的分析法包括以下几种。

（1）控制计算法。

控制计算机是指利用数学等式原理来推测、证实账面资料是否正确，以发现问题的一种检查方法，常用的有以产控耗、以耗控产、以产控销和以支控销等。其基本操作程序分为四步。

第一，确定需要进行分析的事项或目标。

第二，确定事项分析的参考数据和采集事项分析的数据。

第三，建立事项分析的数学模型。

第四，比较数据分析结果。

（2）比较分析法。

所谓比较分析法，就是将企业会计资料中的有关项目、数据，在相关的时期之间、指标之间、企业之间及地区、行业之间，做静态或动态的对比分析，通过分析发现问题、获取线索、找出证据的一种方法。比较分析法的种类较多，常用的有绝对数比较分析法、相关比率比较分析法、构成比率比较分析法（表4－2）。

表4－2　几种常用的比较分析法

方法	描述	例证
绝对数比较分析法	在税务稽查中，绝对数比较分析法适用于对资产负债表、损益表等会计报表中相关项目真实性的核查，以及成本计算表（单）、纳税申报表、有关账户余额和有关明细账户特定项目的检查。当这些项目的增减变动超出正常的变化幅度和曲线值时，便可以认为这种变动存在某种涉税疑点或问题	对企业各个不同时期的货物运输费用或销售收入进行对比、对各个不同时期的库存商品（存货）的购销存数量进行对比，都属于绝对数比较分析法

（续表）

方法	描述	例证
相关比率比较分析法	利用会计资料中两个内容不同但又相关的经济指标求出新的指标比率，再与这种指标的计划比率或上期比率进行比较分析，从而发现异常情况的方法	如应收账款周转率、存货结构、税收负担率、存货（运输）费用比率等指标的计算与对比。税务稽查中，有时用相关比率比较分析法比绝对数比较分析法更容易发现问题。比如，实施人员在运用绝对数比较分析法对被查项目进行分析后，为了确保分析判断的客观性和正确性，可以运用相关比率分析法予以验证
构成比率比较分析法	通过有关联的经济指标各组成部分所占比率的计算，确定各组成部分的构成比例是否符合常规，从而发现企业的涉税问题	通过对企业外购货物构成比率是否与销售货物和期末存货的构成比率具有同一性的计算分析，可以发现企业是否存在虚假进货或隐瞒销售收入的情况

3. 调查方法

调查方法是在税务稽查过程中，采用观察、查询、外部调查和盘点等方法，对被稽查对象与税收有关的经营情况、营销策略、财务管理、库存等进行检查、核实方法的总称。常见的调查方法如表4－3所示。

表4－3　几种常见的调查方法

方法	描述
观察法	观察法是指稽查人员通过深入检查现场，如车间、仓库（包括外部仓库）、营业场所以及基建工地等，对被查事项或需要核实的事项进行实地视察和了解，考察企业产、供、销、运各环节的内部管理状况，控制程序和各方面的实际情况，从中发现薄弱环节和存在的问题，获取相关证据的一种方法

（续表）

方法	描述
查询法	查询法是指对审查过程中发现的疑点和问题，通过调查、询问的方式，查实某些问题，取得必要的资料，以帮助进一步检查的一种调查方法。根据查询方式的不同，查询法可以分为面询法、函询法
外调法	外调法是指对有疑点的凭证、账项记录或者其他经济业务，通过派出稽查人员到被稽查对象以外、与该项业务相联系的单位（或个人）进行实地调查，或者委托对方税务机关协查，以查实问题的一种检查方法。外调法主要用于外部证据的核实、取证，包括函调和派人外调
盘存法	盘存法是指通过对货币资产、实物资产进行盘点和清查，确定其形态、数量、价值、权属等内容与账簿记录是否相符的一种检查方法

企业面临税务稽查时有哪些对策

税务稽查是一项专业性非常强也非常严谨的工作。一旦企业被稽查，企业应当组织专业人员认真陪同，积极配合稽查工作，同时也应该提前做好准备工作，并掌握一定的应对策略。

1．稽查前做好自查工作，尽早排除隐患

企业要充分认识到税务稽查的重要性和严肃性，不要抱任何侥幸心理，应提前做好自查与相应准备工作。对于企业存在的涉税问题，应该想方设法予以化解，以免造成严重的经济损失和不良后果。具体而言，在接受税务稽查之前，企业应结合自身生产经营特点、财务情况和纳税申报情况，依据相关法律法规，仔细排查可能存在的隐患，积极做好自查自纠工作，尽量采取补救措施，提前排除有关涉税风险，以便轻松迎接即将来临的税务稽查。

2．安排有经验的专业人员陪同稽查

税务稽查是一项非常严肃的工作，企业不能敷衍了事，老板应安排企业内专业素养最高和工作经验最丰富的人陪同税务稽查人员，配合稽查人员，随时从最专业的视角解答稽查人员提出的问题。切忌让那些没有相关专业背景知识和工作经验的人员陪同稽查人员，更不能由着自己的主观愿望向税务稽查人员陈述事实，以免弄巧成拙，给企业带来不必要的损失。

3．可以要求有利害关系的稽查人员回避稽查

如果被查企业与稽查人员存在某种利害关系，企业担心稽查人员滥用职权、趁机对企业进行打击报复，被查企业可以向该税务稽查部门要求相关稽查人员回避。虽然是否回避的最终决定权在稽查部门的领导手上，但是如果有利害关系的稽查人员没有回避，并且稽查人员存在滥用职权、故意打击报复的行为，给企业造成了经济损失，被查企业可以收集相关证据，以备将来依法行使陈述申辩、听证、复议和诉讼的权利，维护自己的合法权益。

4. 冷静对待稽查人员

面对税务稽查人员，企业相关陪同人员应做到不卑不亢，神态上不要紧张，要冷静对待。有理有节地应对稽查人员，避免与稽查人员起冲突。在税务稽查中，应当及时与税务稽查人员沟通。对税务稽查人员询问的问题，应当及时予以回答，对自己不清楚的问题不要随意答复，应当找有关人员核实后再做解释。

5. 弄清稽查人员提问的重点

在税务稽查中，税务稽查人员会不断提出各种问题，要求陪同人员提供企业的生产、经营和财务方面的各种资料，企业陪同人员应该根据稽查人员提出的要求，理顺其提问思路以及弄清问题背后的真实用意，做好下一步的应对工作，准确把握稽查工作的重点方向和进程。这也是笔者强调企业要安排最专业、最有经验的陪同人员的用意所在。

6. 积极申辩，尽快澄清事实

通常情况下，被查企业都是在收到《税务行政处罚事项告知书》之后才进行陈述申辩。事实上，在税务机关做出处罚决定之前，随时都可以进行陈述申辩。需要注意的是，企业不仅可以在稽查后对拟处罚决定进行陈述申辩，还可以在稽查过程中对涉税问题进行陈述申辩。

另外，被查企业如果对稽查人员认定的某项违反事实有异议，应该当即提供不同的证据和依据，争取在双方将案件移交到审理环节之前就澄清事实，避免节外生枝和出现错案，给企业带来额外损失。

还有，如果被查企业对既成偷税行为不是主观故意，也可以在陈述申辩的时候讲明情况，请求税务机关给予最低额度的罚款，以便争取将损失降到最低。

7. 认真审核“税务检查工作底稿”

稽查人员在稽查结束后，会形成一份“税务检查工作底稿”，是对被查企业违法事实所涉及的业务情况和数据进行的描述，也是证据的组成部分。所以说，企业对“税务检查工作底稿”要谨慎对待，不能草率签下“情况属实”的字样。在签署意见之前，企业应仔细查看“税务检查工作底稿”上所涉及的业务和数据，然后查找相关的原始会计资料认真核实，确定没有出入和偏差后，再根据核对的情况签署企业的真实意见。

8. 依法行使各种权利

在接受税务稽查时，被查企业除了享有陈述申辩权利之外，对罚款还享有听证、复议和诉讼的权利，对补缴税款和滞纳金享有复议和诉讼的权利，不过行使这些权利都有时间限制，被查企业在相继收到的《税务行政处罚事项告知书》《税务处理决定书》和《税务行政处罚决定书》上都有告知行使相关权利的途径、条件和期限，如果被查企业对其中的事项仍有异议，切记不要错过行使相关权利的时间。

9. 被强制执行后要防止额外财产损失

被查企业如果未按照规定的期限缴纳或者解缴税款，经责令限期缴纳而逾期仍未缴纳的；或者对罚款逾期不申请行政复议也不向人民法院起诉又不履行的，税务机关可依法采取强制执行措施。在这个过程中，被查企业虽然处于被强制执行的不利地位，但仍要关注自己的正当权益是否受到侵害，主要关注以下几个方面。

第一，扣缴存款不能超过应纳税款、罚款和滞纳金的总金额。

第二，税务机关在对财产进行变现时，要按照法定的变现顺序进行，不能随意选择处理财产的方式，造成低价处理财产，使被查企业蒙受额外经济损失。

第三，拍卖或者变卖所得抵缴税款、滞纳金、罚款以及拍卖、变卖等相关费用后，剩余部分应当退还被查企业。

如果税务机关采取强制执行措施不当，给被查企业造成了经济损失，被查企业可以申请复议或提起诉讼，要求税务机关对其造成的经济损失进行赔偿。

税务稽查前企业的自查

税务部门在进行专项税务稽查前，通常会通知企业首先自查。如果企业是行业中比较有影响力的公司或是当地的纳税大户，则很有可能会被选为税务稽查的重点对象，因为专项税务稽查的目的就是发现问题、增加税收。

如果企业能够积极自查，并且做到合规合法的话，企业就可以顺利过关。如果自查得不规范，税务部门就会对企业进行全面调查或者让企业继续自查。

纳税人、扣缴义务人要认真开展自查自纠，对照现行税收法律法规自查，纠正自身存在的漏报应税收入、多列支出、漏报或错报代扣（收）税项目、错用税率或计算错误等问题。

税务稽查前的纳税人自查，也可以视为一项内部审计工作，甚至可以将其常态化，这样企业就能够通过定期或不定期地自查来发现税额计算中有无漏洞和问题。一方面，能够确保企业财会资料及涉税数据的准确和完整；另一方面，企业能为接受税务稽查做好前期准备，而且，自查也有助于健全企业的内部管理流程。

1. 税务自查的“五步骤”

企业要做到自查有序、有效，可按如下五个步骤进行：

第一，对照相关法律法规与企业财务制度，也就是将企业内部的财会规章制度与国家相关税收法律法规进行对照自查，看它们之间是否存在差异和矛盾，如果存在，是否会构成企业纳税上的违规。

第二，制度执行情况自查，即与税费缴纳情况相关的企业内部有关制度的执行情况的自查。这主要是检查企业内部这些制度、流程的执行情况如何，是否存在影响税费计算准确性的因素。

第三，纳税申报的自查，即账证与纳税申报表的对照自查，目的是检查是否足额申报税款。

第四，账簿对应关系的自查，即通过账簿数据的勾稽关系自查是否存在税费计算上的错误。

第五，数据、指标分析，即对企业的一些财务数据按国家税收法律法规具体要求进行对照，目的是从财务数据、指标角度看企业是否可能存在税务违章问题。

2. 自查工作要点

自查期间，企业应严格按照税法规定对全部生产经营活动进行全面自查。自查工作应涵盖企业生产经营涉及的全部税种。其中，三个主要税种的自查要点如表 4 –4 所示。

表 4 –4　企业税务三大主要税种自查要点

增值税自查要点	进项税额自查要点	1. 用于抵扣进项税额的增值税专用发票是否真实、合法；是否有开票单位与收款单位不一致的情况；是否有票面所记载货物与实际入库货物不一致的发票用于抵扣的现象。 2. 用于抵扣进项税额的运费发票是否真实、合法。 3. 是否存在未按规定开具农产品收购统一发票申报抵扣进项税额的情况。 4. 用于抵扣进项税额的废旧物资发票是否真实、合法。 5. 用于抵扣进项税额的海关完税凭证是否真实、合法。 6. 是否存在购进固定资产申报抵扣进项税额的情况。 7. 是否存在购进材料、电、汽等货物用于在建工程、集体福利等非应税项目未按规定转出进项税额的情况。 8. 发生退货或取得折让是否按规定作进项税额转出。 9. 用于非应税项目和免税项目、非正常损失的货物是否按规定作进项税额转出。 10. 是否存在将返利挂入其他应付款、其他应收款等往来账或冲减营业费用，而不作进项税额转出的情况

（续表）

增值税自查要点	销项税额自查要点	1. 销售收入是否完整、及时入账，重点核查以下几种情况：是否存在以货易货交易未记收入的情况；是否存在以货抵债收入未记收入的情况；是否存在销售产品不开发票、取得的收入不按规定入账的情况；是否存在销售收入长期挂账不转收入的情况；是否存在将收取的销售款项，先支付费用（如购货方的回扣、推销奖、营业费用、委托代销商品的手续费等），再将余款入账作收入的情况。 2. 是否存在视同销售行为、未按规定计提销项税额的情况。 3. 是否存在开具不符合规定的红字发票冲减应税收入的情况。 4. 是否存在购进的材料、水、电、汽等货物用于对外销售、投资、分配及无偿赠送，不计或少计应税收入的情况（包括收取外单位或个人水、电、汽等费用，不计、少计收入或冲减费用；将外购的材料改变用途，对外销售、投资、分配及无偿赠送等未按视同销售的规定计税）。 5. 向购货方收取的各种价外费用（例如手续费、补贴、集资费、返还利润、奖励费、违约金、运输装卸费等）是否按规定纳税。 6. 设有两个以上的机构并实行统一核算的纳税人，将货物从一个机构移送到其他机构（不在同一县市）用于销售，是否作销售处理。 7. 对逾期未收回的包装物押金是否按规定计提销项税额。 8. 是否有应缴纳增值税项目的业务按营业税纳税。 9. 增值税混合销售行为是否依法纳税。 10. 兼营非应税劳务的纳税人，是否按规定分别核算货物或应税劳务和非应税劳务的销售额；对不分别核算或者不能准确核算的，是否按增值税的规定一并缴纳增值税。 11. 按照增值税税法规定应征收增值税的代购货物、代理进口货物的业务，是否缴纳了增值税。 12. 免税货物是否依法核算
企业所得税自查要点	收入方面自查要点	1. 企业资产评估增值是否并入应纳税所得额。 2. 企业从境外被投资企业取得的收入是否未并入当期应纳税所得额计税。 3. 持有上市公司的非流通股份（限售股），在解禁之后出售股份取得的收入是否未计入应纳税所得额。

（续表）

企业所得税自查要点	收入方面自查要点	4. 企业取得的各种收入是否存在未按所得税权责发生制原则确认计税的问题。 5. 是否存在利用往来账户延迟实现应税收入或调整企业利润。 6. 取得非货币性资产收入或权益是否计入应纳税所得额。 7. 是否存在视同销售行为未作纳税调整。 8. 是否存在各种减免流转税及各项补贴、政府奖励，未按规定计入应纳税所得额。 9. 是否存在接受捐赠的货币及非货币资产，未计入应纳税所得额。 10. 是否存在企业分回的投资收益，未按地区差补缴企业所得税
	成本费用方面自查要点	1. 是否存在利用虚开发票或虚列人工费等虚增成本。 2. 是否存在使用不符合税法规定的发票及凭证，列支成本费用。 3. 是否存在将资本性支出一次计入成本费用：在成本费用中一次性列支达到固定资产标准的物品未作纳税调整；达到无形资产标准的管理系统软件，在营业费用中一次性列支，未进行纳税调整。 4. 内资企业的工资费用是否按计税工资的标准计算扣除；是否存在工效挂钩的工资基数不报税务机关备案确认，提取数大于实发数的情况。 5. 是否存在计提的职工福利费、工会经费和职工教育经费超过计税标准，未进行纳税调整。 6. 是否存在计提的基本养老保险、基本医疗保险、失业保险和职工住房公积金超过计税标准，未进行纳税调整。是否存在计提的补充养老保险、补充医疗保险、年金等超过计税标准，未进行纳税调整。 7. 是否存在擅自改变成本计价方法，以调节利润的情况。 8. 是否存在超标准计提固定资产折旧和无形资产摊销：计提折旧时固定资产残值率低于税法规定的残值率或电子类设备折旧年限与税收规定有差异的，未进行纳税调整；计提固定资产折旧和无形资产摊销年限与税收规定有差异的部分，是否进行了纳税调整。 9. 是否存在超标准列支业务宣传费、业务招待费和广告费。 10. 是否存在擅自扩大技术开发费用的列支范围，以享受税收优惠的情况。 11. 专项基金是否按照规定提取和使用。

（续表）

<table>
<tr><td rowspan="2">企业所得税自查要点</td><td>成本费用方面自查要点</td><td>12. 是否存在企业之间支付的管理费、企业内营业机构之间支付的租金和特许权使用费进行税前扣除。
13. 是否存在扩大计提范围，多计提不符合规定的准备金而未进行纳税调整。
14. 是否存在从非金融机构借款利息支出超过按照金融机构同期贷款利率计算的数额，未进行纳税调整。
15. 企业从关联方借款金额超过注册资金 50% 的，超过部分的利息支出是否在税前扣除。
16. 是否存在已作损失处理的资产，部分或全部收回的，未作纳税调整；是否存在自然灾害或意外事故损失有补偿的部分，未作纳税调整。
17. 是否存在开办费摊销期限与税法不一致的，未进行纳税调整。
18. 是否存在不符合条件或超过标准的公益救济性捐赠，未进行纳税调整。
19. 是否存在支付给总机构的管理费无批复文件，或不按批准的比例和数额扣除，或提取后不上交的，未进行纳税调整。
20. 是否以融资租赁方式租入固定资产视同经营性租赁，多摊费用，未作纳税调整</td></tr>
<tr><td>关联交易方面自查要点</td><td>是否存在与其关联企业之间的业务往来，不按照独立企业之间的业务往来收取或者支付价款、费用而减少应纳税所得额的，未作纳税调整</td></tr>
<tr><td>个人所得税自查要点</td><td colspan="2">企业以各种形式向职工发放的工薪收入是否依法扣缴个人所得税，自查重点项目如下：
1. 为职工建立的年金。
2. 为职工购买的各种商业保险。
3. 超标准为职工支付的基本养老保险、失业保险和基本医疗保险。
4. 超标准为职工缴存的住房公积金。
5. 以报销发票形式向职工支付的各种个人收入。</td></tr>
</table>

（续表）

个人所得税自查要点	6．车改补贴、通信补贴。如果所在省制定了免税补贴标准（税前扣除标准）的，在标准限额内的部分可免予征收个人所得税，在标准外以发票方式为职工报销费用的，计入当月个人收入征税；未明确税前扣除标准的，应合理确定补贴中因私用形成的个人收入部分，扣缴个人所得税。 7．为职工所有的房产支付的暖气费、物业费。 8．股票期权收入。实行员工股票期权计划的，员工在行权时获得的差价收益，是否按工薪所得缴纳个人所得税。 9．以非货币形式发放的个人收入是否扣缴个人所得税

如何分析和解读税务稽查报告

税务机关在对企业进行税务稽查后，会得出相应的稽查结论，通常会以税务稽查报告的形式呈现。

税务稽查报告范本

纳税人识别号：________________

案件编号：________________

登记注册类型：________________

纳税人名称：________________

法定代表人姓名：________________

检查期间：________________

检查类型：________________

检查人员：________________

稽查实施时间：________________

根据《税务稽查任务通知书》××市××区国税稽〔2019〕356号的工作安排，我稽查组于2020年10月20日至12月11日对A有限公司2019年1月1日至2019年12月31日执行税法的情况进行了稽查，现已稽查完毕，报告如下：

一、企业基本情况

A有限公司成立于2017年8月21日，小规模纳税人；主管税务机关××市××区国家税务局，经营地址在____________，登记注册类型为有限责任公司；注册资本：人民币 118 万元；主要经营范围：______________。该公司于2017 年批准为免税企业，当年按照主管税务机关的免税批复对免税产品的税金进行了免税。

该公司 2018 年销售收入总额 128991. 18 元，销项税金 7739. 47 元，应纳税额 7739. 47 元；已缴税金 7739. 47 元，当年根据免税批复（××市××区国税发〔2008〕150 号）免税，当年退税 7739. 47 元。2019 年销售收入总额 1519966. 30 元，销项税金 86035. 83 元，应纳税额 86035. 83 元；当年根据免税批复（××市××区国税发〔2009〕33 号）免税，当年退税 86035. 83 元。无欠税。

经查，该公司的会计核算不健全，主要表现在：

（1）该公司未按财务、会计制度的规定设置“银行存款”“现金”日记账对货币资金进行核算。该公司在购、销货物后，记账时其款项大量自行填写为“现金”收付。经查，无收付原始凭据，且“现金”的收付大部分未通过该公司设立的银行账户，采取的是现金收付方式。该公司账上不能完整反映经营活动中货币资金的实际收付情况。

（2）该公司未按财务、会计制度及税收相关法律对免税企业的要求，对原材料的购领和产品的存销设立“原材料明细账”和“产成品库存明细账”来核算，实际上该公司对原材料购进和产品销售，都是以非常简单的流水账和人工记忆相结合的方式来管理该公司的产成品和原材料。

（3）该公司为免税企业，但对其所生产的免税产品和应税产品未登记翔实的“生产记录”和“产品成本明细账”，仅在现设的账目中将每月免税产品按一定的总额计入账中，而产品的实际生产情况和成本明细构成都无从考证。

二、发现的问题及处理依据

1. 增值税问题

问题 1：该公司销售应税产品未进行销售收入入账。

该公司 2017 年 3 月至 2019 年 6 月将应税产品________分别销售给了

B、C、D三家公司，应税产品实现销售收入金额合计163500.25元，应交增值税9254.73元；而该公司对上述已实现的销售收入未入账，也未向主管税务机关申报纳税。

处理依据：《中华人民共和国增值税暂行条例》第十九条第一款、第二十二条第二款，《中华人民共和国增值税暂行条例实施细则》第三十四条和《中华人民共和国税务征收管理法》第六十三条。

企业意见：承认事实，接受处理。

检查组意见：针对该公司销售应税产品未进行销售收入入账，漏计增值税的行为，对其追缴增值税9254.73元并处以1倍的罚款，即处以9254.73元的罚款；且加收滞纳金4057.74元。

问题2：该公司应税产品销售收入按免税产品销售收入入账。

该公司2017年3月至2019年6月销售应税产品________给B公司，其应税收入（含税）39344.50元按免税收入入账，分别在当年已享受免税税金2227.05元。

处理依据：《中华人民共和国增值税暂行条例》第十九条第一款、第二十二条第二款，《中华人民共和国增值税暂行条例实施细则》第三十三条，《中华人民共和国税务征收管理法》第六十三条和《中华人民共和国税务征收管理法实施细则》第四十三条。

企业意见：承认事实，接受处理。

检查组意见：针对该公司应税产品销售收入按免税产品销售收入入账且已申报，并在当年享受免税政策的行为，对已享受的免税税金追缴增值税2227.05元，并处以1倍的罚款即2227.05元；且加收滞纳金758.05元。

2. 普通发票问题

问题1：该公司违规领购并使用他人空白发票。

该公司于2017年3月至10月销售应税产品一批，取得由B公司提供的加盖其财务专用章的空白普通发票5份（发票号码分别为________________________），并将此5份普通发票开具给C公司。

处理依据：《中华人民共和国发票管理办法》第二十二条和《中华人民

共和国发票管理办法实施细则》第二十六条、第三十四条。

企业意见：承认事实，接受处理。

检查组意见：对该公司违规领购并使用他人空白发票行为处以3000元的罚款。

问题2：该公司开具的普通发票上下联货物名称不一致。

该公司于2017年6月至2018年7月销售应税产品一批，开具普通发票3份（发票号码分别为________________________），经查此3份发票的发票存根联及发票联填写货物名称不一致。

处理依据：《中华人民共和国发票管理办法》第二十二条和《中华人民共和国发票管理办法实施细则》第二十八条、第三十四条。

企业意见：承认事实，接受处理。

检查组意见：对该公司开具的普通发票上下联货物名称不一致行为处以3000元的罚款。

问题3：该公司开具的普通发票上下联填写的购货单位名称不一致。

该公司于2017年6月至2019年5月销售应税产品一批，开具普通发票3份（发票号码分别为____________________），经查，上述3份普通发票的发票存根联及发票联填写的购货单位不一致。

处理依据：《中华人民共和国发票管理办法》第二十二条和《中华人民共和国发票管理办法实施细则》第二十八条、第三十四条。

企业意见：承认事实，接受处理。

检查组意见：对该公司开具的普通发票上下联填写的购货单位名称不一致行为处以2000元的罚款。

问题4：该公司开具发票的发票联未加盖其财务专用章。

该公司于2017年3月5日销售应税产品一批，开具普通发票1份，发票号码____________，发票字轨______________，发票的发票联上加盖的财务专用章是D公司专用章，而非该公司的财务专用章。

处理依据：《中华人民共和国发票管理办法》第二十二条、第三十五条和《中华人民共和国发票管理办法实施细则》第二十八条、第三十四条。

企业意见：承认事实，接受处理。

检查组意见：对该公司开具发票的发票联未加盖其财务专用章的行为处以2000元的罚款。

综上所述，该公司以上问题共计应补增值税11481.78元，滞纳金4815.79元，罚款21481.78元。

检查人员：____________________

时间：____________________

稽查科意见：____________________

时间：____________________

接到税务机关的稽查报告后，企业应从以下几个方面对其进行分析和解读：

1. 稽查人员是否完整、准确地援引了相关法律条文

纳税人需要重点检查税务稽查报告中是否有如下情况存在：

第一，税务机关在稽查报告中只引用省级、市级颁布的规范性文件，而没有引用国家法律法规。

第二，相关税务文书是否有具体文号、名称。

第三，相关税务文书是否符合法律法规的规定。

这些不规范的记录将会成为纳税人日后维护自身合法权益的有力证据。

2. 报告中是否有当事人的申辩笔录

根据规定，在税务稽查执法中，税务机关应当将当事人的署名陈述、申辩整理在案，将申辩材料整理归档，并据此制作陈述申辩笔录，并让当事人签字或盖章。即使当事人放弃陈述或申辩权利，也应在报告中予以说明。另外，《中华人民共和国行政处罚法》规定，“拒绝听取当事人的陈述、申辩，行政处罚决定不能成立”。

3. 是否出示执法稽查证件并作了笔录

根据规定，税务稽查人员在进行税务稽查的过程中，要出示执法稽查证件，并做好笔录，内容一般包括稽查时间、地点、证件出示情况、稽查方法等事项，并由当事人签字后存入稽查档案。如果不留存这种笔录，那么日后纳税人一旦起诉，税务机关可能因为执法程序不合法而败诉。

4．处罚是否恰当、证据是否充足

在税务稽查执法中，税务机关对于纳税人偷税的处理措施通常按定额进行处罚，但这同《中华人民共和国税收征收管理法》规定的处不缴或少缴税款50%以上500%以下的罚款是不相符的。因此，纳税人一定要注意分析纳税机关给予的各项处罚措施是否合理、适当。

证据不足的问题主要表现在税务机关对纳税人违法事实认定的证据不足，其一是具有主要证据作用的税务稽查底稿没有纳税人签字，所以不能作为证据；其二是纳税机关获取的证据不足以支持税务处理结论。

税务稽查后企业的账务处理

税务稽查中发现的涉税问题，多是由于纳税人账务处理不当引起的，在接到税务机关的税务稽查报告后，纳税人除了要接受相应的处罚，办理补税、缴纳罚款手续外，还有一项重要的工作需要做，那就是将涉税账务调整过来，使之回到正确的轨道上来。错在哪里，就纠正哪里，消除一切账面上虚假和不实的信息，让账面真实地反映会计核算的情况，使账务调整后账面反映的应纳税额与实际的应纳税额一致，避免今后再出现同类错误和涉税风险，彻底纠正由账务处理不当引起的涉税问题。

1. 涉税账务调整的规则

纳税人应该清楚，涉税账务调整是一项严肃的工作。为了保证其科学性、严肃性和准确性，纳税人在进行涉税账务调整时，需要遵循以下几条规则。

（1）涉税账务调整需符合现行财税法规与制度的相关要求。

也就是说，企业在涉税账务调整中所做的各项成本、费用的列支，以及收入的实现，必须按照税收法规、财务制度及会计制度的相关要求进行。因为，只有按照有关法规、制度要求进行涉税账务调整，才能真正纠正错误，才能让账面真实地反映企业的财务状况，进而保证财税法规与制度的贯彻执行。

（2）涉税账务调整要符合基本的会计原理。

会计核算是一套严密、科学的方法体系，运用科目、编制分录都有具体规则。纳税人不仅要在日常核算中按照其基本原理进行，在纠正错误、做出新的财务处理时也必须符合基本的会计核算原理。如此，才能使账户之间的勾稽关系得以正确反映，保持上下期之间核算的连续性、完整性，确保账务调整的科学性、正确性。

（3）涉税账务调整要从实际出发，讲求实效。

税务机关在税务稽查中发现的企业纳税问题，可能会涉及不同时期、不同类型、不同性质的账簿错误。因此，纳税人在调整账务中要从实际问题出发，讲求实效。另外，对于不同时间、不同性质的涉税问题，其调整账务的方法及繁简程度也不尽相同。是采取直接调账法，还是在经计算分摊后进行调账，是只做一笔会计分录，还是需要做几笔会计分录，都要具体问题具体分析。如此，才能使涉税账务调整更具针对性，也更行之有效。

2. 涉税账务调整的方法

企业进行涉税账务调整，不可盲目进行，可采用以下几种方法。

（1）一般涉税账务调整法。

一般涉税账务调整法又分为三种：红字冲销更正法、补充登记调整法、综合账务调整法。

①红字冲销更正法。

所谓红字冲销更正法，是指先用红字冲销原错误会计分录，然后编制正确的会计分录的错账更正方法。这种方法适用于会计科目用错，或会计科目虽未错，但实际记账金额大于应记金额的错误账项。通常情况下，在及时发现错误，没有影响后续核算的情况下多使用红字冲销更正法。

案例

某市税务机关检查某机电企业的纳税情况时，发现该企业将自制产品用来建造固定资产，所用产品的成本为60000元，不含税销售价为100000元，增值税税率为17%，企业账务处理如下：

借：在建工程　　　　117000

　贷：库存商品　　　　60000

应交增值税（销项税额）　　17000

企业将自产的应纳增值税的货物用于非应税项目，视同销售货物计算应交增值税。此笔账的错误在于会计科目的运用虽正确，但多记金额。作账务调整分录如下：

借：在建工程　　　　　　　　40000（红字）

　贷：库存商品　　　　　　　　40000（红字）

---

②补充登记调整法。

补充登记调整法是通过编制转账记录，将调整金额直接入账以更正错账，即直接将少计、漏记的金额重新补充登记入账的一种方法。这种方法主要适用于漏计或者错账所涉及的会计科目正确，但核算金额小于应计金额的情况。

案例

税务稽查人员检查某企业的纳税情况时，发现该企业本月应摊销待摊费用 85000 元，实际摊销 68000 元，在本年度纳税审查中发现少摊销 17000 元，企业的账务处理如下：

借：制造费用　　　　　　　　68000

　贷：待摊费用　　　　　　　　68000

企业此笔账务处理所涉及的会计科目的对应关系没有错误，但核算金额少计 17000 元，用补充登记法作调账分录如下：

借：制造费用　　　　　　　　17000

---

③综合账务调整法。

这种方法是对前两种方法的一种综合运用，通常适用于会计分录借贷方中，有一方科目用错，而另一方会计科目没有错的情况。正确的一方不调整，错误的一方用错误科目转账调整，使用正确科目及时调整。该方法主要用于所得税纳税审查后的账务调整，如果涉及会计所得，可以直接调整“本年利润”账户。

案例

税务稽查部门经调查，发现某工程公司将专项工程耗用材料列入管理费用 76000 元。

借：管理费用　　　　　　　76000

　贷：原材料　　　　　　　　76000

上述会计分录借方错用会计科目，按会计制度规定专项工程用料应列入“在建工程”科目。

调整分录如下：

借：在建工程　　　　　　　76000

　贷：管理费用　　　　　　　76000

同样，如果上述错账是在当月后发现，而企业又是按月结算利润的，则影响利润的项目还应通过“本年利润”科目调整。

例如，上例如果是月度结算后发现错账，则调整分录如下：

借：在建工程　　　　　　　76000

　贷：管理费用　　　　　　　76000

借：管理费用　　　　　　　76000

　贷：本年利润　　　　　　　76000

（2）年终结账前查出错误的调整方法。

如果是在年终结账前查出错账，那么对于查出的错误问题要根据具体情况直接在当期有关账户进行调整。对于涉及实现利润数额的，可以直接调整“本年利润”账户的数额，以便纠正错误。

案例

税务机关在检查某零售企业第二季度的纳税情况时，发现该企业在 6 月份多转移了 25000 元的销售成本。多转移销售成本的直接结果就是减少了当期的利润，进而少缴了企业所得税。由于该问题是在年终前查出来的，因为，该纳税人可以直接调整产品成本和本年度利润数额。调整会计分录如下：

借：销售利润　　　　　　25000

　贷：本年利润　　　　　　25000

在年终结账时，纳税人需要根据最终的账务情况来确认应缴所得税数额并及时申报缴纳企业所得税。

(3) 以前年度影响损益项目的调账处理。

税务机关在年度中间的稽查中，发现纳税人以前年度会计事项影响损益的调整，涉及补退所得税的，应对以前年度的利润总额（或亏损总额）进行调整，可通过“以前年度损益调整”科目进行账务处理。

案例

税务机关经检查发现某建筑工程公司上一年度会计报表利润300万元，已按适用税率预缴所得税75万元（300万元×25%）。但在税务稽查中，稽查人员发现，该企业将购置消防设备的30万元、修建围墙的5万元列入了“管理费用”中的“其他费用”，还将购买的一辆价值20万元越野车在“管理费用”中列支。

针对这种情况，该纳税人应按规定补缴企业所得税，其会计处理如下：

1. 调整上年损益：

借：在建工程　　　　　　700000

　　固定资产　　　　　　300000

　贷：以前年度损益调整　　　1000000

2. 计算补缴企业所得税：

借：以前年度损益调整　　　　　250000（1000000×25%）

　贷：应交税费——应交所得税　　　250000

3. 实际缴纳所得税：

借：应交税费——应交所得税　　　　250000

　贷：银行存款　　　　　　　　　　250000

4. 期末将“以前年度损益调整”结转到“利润分配——未分配利润”：

借：以前年度损益调整　　　　　　1000000

　贷：利润分配——未分配利润　　　1000000

5. 期末将所得税结转到“利润分配——未分配利润”：

借：利润分配——未分配利润　　　250000

　贷：以前年度损益调整　　　　　　250000

另外，纳税人对上年度一些属于消耗性费用的开支，应该就其应补退的所得税数额作“以前年度损益调整”账务调整。而且，这类费用不会直接影响企业产品成本核算，即支即耗，账户无延续性，也不可以在相关科目中调整冲转。因此，对于这类消耗性费用的支出，属于上年的，应调整补税，并就应补税款通过“以前年度损益调整”科目处理。

【工具】税务自查报告范文

某公司2020年度税务自查报告

我公司于2021年2月12日至2月20日对公司2020年1月至12月的账务进行了自查，现将清查的情况汇报如下。由于时间仓促，汇报的内容难免有些问题或有所遗漏，如有不妥，请指正，谢谢！

纳税人名称：________________________________

税务登记号：________________________________

纳税人识别号：______________________________

经济类型：__________________________________

法人代表：__________________________________

检查期间：2020年1月至12月

一、企业基本情况

我公司系私营企业，具体情况如下：

经营地址：__________________________________

主营范围：__________________________________

注册资金：__________________________________

法人代表：__________________________________

在册员工工资总额：__________________________

2020年实现营业收入：________________________

2020年度经营性亏损：________________________

二、流转税（地税）

1. 主营业务收入：我公司 2020 年 1 月至 12 月实现主营业务收入__________元。其中：____________________。

2. 增值税：我公司 2020 年 1 月至 12 月缴纳增值税__________元。其中：____________________。

3. 城市维护建设税：我公司 2020 年 1 月至 12 月缴纳城市维护建设税________元。其中：____________________。

4. 教育费附加：我公司 2020 年 1 月至 12 月缴纳教育费附加________元。其中：__________________。

5. 堤防费：我公司 2020 年 1 月至 12 月应缴堤防费________元。

6. 平抑食品价格基金：我公司 2020 年 1 月至 12 月应缴平抑食品价格基金__________元。

7. 教育发展费：我公司 2020 年 1 月至 12 月应缴教育发展费__________元。其中：__________________。

三、地方各税部分

1. 个人所得税：我公司法人代表 2020 年度工资收入______________元，我公司 2020 年度个人工资收入未达到个人所得税纳税标准，无个人所得税。

2. 土地使用税：无。

3. 房产税：无。

4. 车船使用税：我公司拥有小车__________辆，应缴纳车船使用税__________元，已缴纳。

5. 印花税：我公司 2020 年度主营业务收入__________元，按 0.03% 税率标准应缴纳印花税__________元。账本 4 本，每本 5 元贴花，共计__________元。合计应缴纳印花税__________元。

四、地方规费、基金部分

1. 我公司2020年度为员工4人缴纳了社会保险，其他人员未在我公司缴纳，原因是这批职工的社会保险仍由以前的工作单位代缴，关系未转入我公司。

2. 我公司2020年度交缴残疾人就业保障金__________元。

五、发票使用情况

2020年度我公司开具了__________张发票，金额共计__________元。

中篇

财税管控实战

第五章
财务人员管控：如何管理财务团队

财务部是公司的一个重要而敏感的部门。老板必须懂财务才能管好财务部，管控财务部的关键在于管控财务人员，首先要管好财务经理，一个忠诚于老板的财务经理比什么都重要。特别是不负责企业日常管理的老板，更要管好财务经理，避免被欺骗、被架空。

老板应当如何定位财务部

财务部是企业的神经中枢，能够实现对企业经营信息的全面掌控，在公司战略规划、预算管理、资金管理、成本控制、税务管理以及内部控制等方面都发挥着独特的作用。强大的财务部，是支撑公司健康成长的基本保障。

财务部能否发挥其应有的作用，或者说能够在多大程度上发挥其潜能，关键在于老板对财务部和财务人员的认知与定位。如果老板能够精准定位财务部职能，并对其工作给予足够的重视和充分的肯定，财务部将会同企业其他部门相辅相成、互相成就、实现共赢。

1．财务部的阶段性定位

在企业发展的不同阶段，财务部的定位是不同的。

（1）起步期——记账。

企业成长初期，人员较少，业务也比较简单，企业营运及资金规模都比较小，此时财务部的主要功能是出纳、记账、报税、简单核算，基本上是发挥后台服务功能。

（2）发展期——控制。

随着企业人员的不断增加、业务的不断拓展，企业进入更大的市场，开发了更多的产品线，所涉及的货物流、资金流也随之增大。这增加了财务部的工作量，同时也增加了财务风险。在企业高速发展的阶段，财务部必须发挥好控制职能，建立一套科学的财务管控机制和控制体系，让企业发展稳固在一个相对可控的财务轨道上，避免失控。

（3）壮大期——保障。

随着企业规模和实力的不断壮大，企业在业内已经占据一席之地，具有了举足轻重的地位。同时，企业面临的内部管理环境和外部市场竞争环境也都变得越来越复杂。这一时期，财务部需要广泛参与企业经营的各个环节、各个领域，需要从资金、库存、账务等方面加强管控来保障企业运营安全，并运用多种财务分析和控制手段对一些未知的风险做出预判和防范。

（4）成熟期——资本运作。

当企业发展进入成熟期，就需要寻找新的市场和投资机会，通过资本手段进行业务扩张和跨领域整合。该时期，财务部要充分发挥投资、并购、尽职调查和上市筹划等资本运作职能，让企业资本得到充分利用，避免不必要的资金闲置和税务支出。

财务部的职能在上述阶段有可能会出现交叉融合、相互重合，企业也可能会出现跨越式发展，当然，更多的企业可能会停留在某个阶段止步不前。老板对财务部的定位要充分考虑企业的独特因素，妥善进行差异化定位。

2. 小财务还是大财务

小财务是财务部的财务，其任务基本限于财务部内部，即记账、管钱、报税、发工资，类似公司初创期财务部的职能。如果财务部一直是这种定位，一方面，财务人员很难走出财务部，同公司其他部门的人员实现充分配合，导致财务部门无法发挥应有的作用，出现资源浪费现象；另一方面，小财务的定位，也不利于财务人员自身的成长和职业生涯发展。

大财务则是整个公司的财务，财务人员的职责不仅仅局限于基本的财务工作，财务人员还要深入公司的各个部门，制定财务部同各关联部门的工作配合机制及合作流程，通过对经营数据、财务数据的收集、整理、分析、判断等，给老板和企业决策层提供翔实的数据化决策依据，成为老板的得力助手。

3. 财务部是管理型部门还是服务型部门

财务部是服务型部门还是管理型部门，这非常好分辨，如果财务部比较强势且权限较大，则多属于管理型部门；反之，则是服务型部门。

举个简单的例子，就拿公司日常报账单这件小事来说，如果报账者需要先找部门经理签字，再去财务部签字，那么此类公司的财务部多半属于管理型部门；如果报账者需要先去财务部签字，然后找部门经理审批，则此类公司财务部大多属于服务型部门。

通常，一些小微企业、家族化企业和国有企业的财务部多属于管理型部门，比较强势。而那些大型民营企业、科技公司、上市公司的财务部多为服务型部门。

至于老板如何定位财务部，则取决于其企业当下内部管控和长远发展规划的综合需求。

4. 财务会计职能与管理会计职能

财务部发挥着两部分职能——财务会计职能和管理会计职能，这两者的区别在于以下四个方面。

（1）职责范围不同。财务会计的职能主要包括对企业负债、资产、所有者权益、费用、收入以及利润进行核算，通过对资金的确认、记录、计量及汇报，反映企业的资金运作；管理会计的职能主要包括规划决策、业绩评价和控制，通过对资金的分析、评价、控制、预测和决策来管理各项企业经济活动。

（2）服务对象不同。财务会计侧重于为企业合作方、关联方提供最基本的财务信息和财务服务，因此也被称为外部会计；管理会计主要为企业决策层提供财务信息和财务数据作为其决策的重要依据。

（3）侧重点不同。财务会计具有报账型特征，倾向于面向过去，提供历史经营和资金信息；管理会计具有经营型特征，需要在分析并总结企业过往经营和资金信息的基础上，充分发挥预算、预测、规划和决策的职能，倾向于面向未来。

（4）时间跨度不同。财务会计编制财务报表通常以月度、季度、年度为周期，有硬性规定；管理会计编制报表和报告则没有时间上的硬性规定，其覆盖周期可短至数天，也可长至数年，完全取决于企业日常经营管理的需求。

财务部的财务会计职能和管理会计职能并不冲突，老板应使其职能充分融合、互相补充，更好地为企业经营服务。

5. 发挥好财务部的平衡职能

老板管理企业要懂得平衡的艺术，对于财务部，也要充分发挥好其平衡职能。

（1）平衡盈利与风险。

企业是营利性组织，赚钱是企业第一要务，但是企业并不能什么钱都赚，什么业务都做，有些业务本身潜藏着巨大的财务风险和税务风险。对此，财务部门要发挥好自身的制衡功能。

（2）平衡收入与支出。

收入是挣钱，是现金流入；支出是花钱，属于现金流出。财务部门要充分平衡收入与支出，做到收支平衡。同时，对其他业务部门的资金请求，财务部也要以收支平衡、有利可图的原则进行观念传达，让公司上下建立起成本意识和盈利观念。

（3）平衡资源与战略。

企业拥有的资源是有限的，财务部应协助企业老板和决策层，将有限的资源集中到企业的战略目标上，向优势项目倾斜，在关乎企业长久发展的项目上重点投资，实现重点突破。

老板如何管控财务经理

老板进行财务管控，关键在于管控好企业从事财务工作的人员，尤其是财务经理、财务总监等。管控好了财务部门的领导，也就控制了财务部，进而才能管控好整个企业的财务工作。

1. 把好用人关，筛选合适的财务经理

人事权是老板管控财务经理的关键，老板不仅要直接考核和委任财务经理，还要在日常工作中实际管控财务经理，避免老板不负责企业日常管理时，被经理人和财务经理联合架空。

能胜任财务经理的人应具备以下条件：

第一，具备一流的专业素养。

财务经理首先必须精通财会知识，才能管好财务部。老板眼中理想的财务经理通常有以下六个特点。

（1）是公司中经验最丰富、能力最强、从业时间最长的财会工作者。

（2）能够全面操盘企业财务部门的工作。

（3）能够为业务部门提供相应的财务支持。

（4）能够全面负责企业的财务核算和财务管理工作。

（5）能够在公司项目经营中提高财务部门的参与度。

（6）能够适时进行公司资本运作。

第二，具备出色的领导能力。

财务经理，不仅要精通专业知识，还要具备相应的领导才能和管理能力，才能管好部门、带好团队，才能胜任财务经理工作。

作为财务部领导，财务经理要充分了解团队中每个人的优势和劣势、性格特点、业务特长，让每个人都能在合适的岗位上最大限度地发挥效用；要能够及时协调解决团队的内部矛盾，让财务团队中每个人为企业目标而“心往一处想、劲往一处使”。

第三，具备高超的沟通协调能力。

财务部关联着企业日常运营的方方面面，关联着每一个部门，甚至是外部的客户，因此，财务经理如果不具备良好的沟通协调能力，对内对外开展工作都会非常被动，难以将自己的意图有效传递出去。

如果财务经理沟通能力欠缺，一件很容易完成的事情往往也要耗费很长时间。因此，财务经理必须是一个沟通协调的高手，能在复杂的内外部关系和烦琐的日常工作中做到游刃有余。

第四，具备良好的服务意识。

作为财务部门的负责人，财务经理需要以身作则，具有为其他部门、企业、客户服务的精神和责任感，这样才能体现出财务部门的价值。

虽然从严格意义上讲，财务部是后勤部门，但对一个公司来讲，它是一个核心部门。财务部日常工作比较烦琐，工作涉及部门比较多，在收支管理、费用报销、信息查询上必然要接触很多部门，因此，财务经理要具备服务意识，为其他部门做好后勤保障和服务工作，高效率处理业务，同时也要严格按照公司规章制度办事。

第五，具备基本的职业素养和道德操守。

财务经理是公司的财务从业者，必须遵循财会人员基本的职业素养和道德操守。

根据《中华人民共和国会计法》和《会计基础工作规范》，会计人员职业道德的主要内容包括以下六个方面。

（1）敬岗爱业。热爱本职工作，是做好一切工作的出发点。只有建立了这个出发点，才会勤奋、努力地钻研业务技术，使自己的知识和技能适应具体从事的会计工作的要求。

（2）熟悉法规。会计工作不只是单纯的记账、算账、报账，会计工作时时、事事、处处涉及执法守规方面的问题。会计人员应当熟悉财税法律、法规和国家统一的会计制度，做到自己在处理各项经济业务时知法依法、知章循章，依法把关守口，同时还要进行法规的宣传，提高法治观念。

（3）依法办理。按照《中华人民共和国会计法》中保证会计信息真实、完整的规定，会计人员必须依法办事，树立自己职业的形象和人格的尊严，敢于抵制歪风邪气，同一切违法乱纪的行为作斗争。

（4）客观公正。会计人员在办理会计事务时，应当实事求是、客观公正。这是一种工作态度，也是会计人员追求的一种境界。做好会计工作，不仅要有过硬的技术本领，也要有实事求是的精神和客观公正的态度。否则，就可能把知识和技能用错地方，甚至参与弄虚作假或者通同作弊。

（5）做好服务。会计工作的特点，决定了会计人员应当熟悉本单位的生产经营和业务管理情况。因此，会计人员应当积极运用所掌握的会计信息和会计方法，为改善单位的内部管理、提高经济效益服务。

（6）保守秘密。会计人员应当保守本单位的商业秘密，除法律规定和单位负责人同意外，不得私自向外界提供或者泄露单位的会计信息。鉴于会计工作性质，会计人员有机会了解本单位的财务状况和生产经营情况，有可能了解或者掌握重要商业机密，因此必须严守秘密。泄密是一种不道德行为，会计人员应当树立泄露商业秘密为大忌的观念，对于自己知悉的内部机密，在任何时候、任何情况下都严格保守，不能随意向外界泄露商业秘密。

第六，忠于老板，忠于公司。

财务经理，忠诚第一，在日常工作中，务必要忠于老板，忠于公司利益。这是一条基本的原则，不能做到这一点，老板可以对财务经理一票否决。

2. 老板对财务经理的管控要结合企业发展阶段

不同规模、处于不同发展阶段的企业，老板对财务经理的管控思路和管控模式也不尽相同。

（1）小企业（成长期）老板如何管控财务经理。

小企业对管理的要求比较低，对老板的能力要求比较高。老板必须是一个多面手，要懂运营、懂市场、懂销售、懂谈判、懂财务、懂管理、懂用人，要团结所有员工，发挥好带头示范作用，冲锋陷阵，让企业生存下来，进入稳定期。

此阶段，在对财务经理的任用上，老板往往任人唯亲，以便于掌控。财务经理在合法合规的基础上，按老板指示办事，属于“人治”阶段。

（2）中型企业（发展期）老板如何管控财务经理。

企业发展到一定规模，就要逐渐摆脱“人治”，向“法治”转型。此时，老板更像是在大后方运筹帷幄的将军，要当好指挥官，调动包括财务经理在内的企业人员去冲锋陷阵。老板要学会“用制度管人，让流程管事”，从微观事务中解脱出来，退居“二线”，充分发挥鞭策、监督、检查的作用，在后方推动，做一个真正意义上的管理者、领导者，发挥“使众人行”的领导作用。

此时，企业的财务部正处于业务扩张和组织变革的阶段，缺乏完善的规章制度和业务衔接流程，老板同财务经理之间的沟通交流和在财务管理诉求方面会出现一系列矛盾和冲突，老板可能听不懂财务经理的话，财务经理也可能认为老板不懂财务瞎指挥。

双方要在这种矛盾中互相磨合，直到建立起规范的财务制度和流程，逐渐理顺关系。老板需要具备耐心和包容心，给予财务经理足够的施展空间，同时也要确保其不失控，要在自己的战略规划和组织框架内实施财务变革。

（3）大型企业（成熟期）老板如何管控财务经理。

大规模的企业，强调文化制胜。老板是一个真正意义上的领袖，会更多地从战略、宏观的层面去影响企业，是整个企业的灵魂人物。其一言一行、一举一动，无不指导和约束着企业每一个人的思维和行为方式。这就是文化的力量，这就是领袖的魅力。

该阶段企业已经形成科学的财务管理体系和财务生态系统，具备完善的财务管理制度和工作流程，财务部和业务部以及其他相关部门都有成熟的沟通机制，财务部也具备出色的数据化管理能力。财务经理能够帮助老板有效控制风险、降低成本、提高效率，能够为老板提供关键的决策信息支持，以对瞬息万变的市场做出快速、及时的反应。

老板对财务经理的管控，不仅有制度上的监管、文化上的熏陶，更有个人魅力在发挥着潜移默化的影响，这是老板们所追求的理想状态。

优秀财务人员的胜任素质及胜任力要求

在管理学上，界定员工是否胜任某职务有一个专有名词——胜任力。1973年，哈佛大学教授戴维·麦克利兰首次提出了这个概念。胜任力，简单而言是指将在同一工作中表现卓著者和表现一般者区别开的个人内在特征。这些特征通常表现为价值观、动机、态度、个人特质、专业知识和技能等可以被测量的个体外在表现。

也有专家从职业、行为、综合三个维度上定义胜任力。

（1）职业维度，也就是那些用于处理具体的、日常工作的技能。

（2）行为维度，是指用来处理非具体的、随机的任务的技能。

（3）综合维度，通常是指结合具体情境而定的一种管理技能。

胜任力是一种能力，是决定员工工作成效的一种持久特质。一般而言，那些工作出众的财务部员工都具有极强的判断力、及时发现问题的能力以及快速行动的能力。为了挑战高绩效，他们还会为自己设定富有挑战性的目标。

胜任力是一个具有针对性的、动态性的能力概念，不同岗位、不同职业的胜任力都有区别，主要表现在以下三个方面。

第一，在不同组织和不同行业中，相同或类似工作岗位上，员工的胜任力特征是不尽相同的。

第二，在一个组织中，不同的工作岗位要求员工具备的胜任力的内容和水平是不同的。

第三，在一个部门中，即使是相同的工作岗位，要求员工具备的胜任力的内容和水平也是不同的，比如在财务部，同样身处会计岗位的员工，他们的具体工作可能是成本会计、核算会计，也可能是出纳，他们要具备的胜任力的内容和水平当然是不同的。

因此，企业老板及相关管理人员应该本着“人员—职位—部门—组织”四者之间相互匹配的原则，从整个组织的愿景、使命、目标和战略发展要求出发，对财务部员工的胜任力要求做出全面细致的分析与描述。

1. 构建财务部员工胜任素质模型

1993 年美国心理学家斯班瑟提出：素质在个体特质中扮演着深层且持久的角色，而且能预测一个人在复杂的工作情境及担任重任时的行为表现。此后，合益集团提出了与职位相对应的胜任素质模型。也就是著名的“冰山模型”，该模型中，员工胜任素质的构成要素如表 5－1 所示。

表 5－1　员工胜任素质的构成要素

构成要素	详细描述
知识	指个人在某一特定领域拥有事实型或经验型的信息
技能	指个体能够有效运用知识完成某项具体工作的能力
自我形象	指个体感知自身状态的能力，包括对自己的长处和短处、思维模式、解决问题的风格、与人交往的特点以及对自我角色合理定位等的认识
社会角色	即个体在公共场合表现出来的形象、气质和风格
品质	包括气质、性格、兴趣等，是个体表现的一贯反应，如性格内向或外向、不同的气质类型等
动机	指推动个体为达到某种目标而采取一系列行动的内驱力，如成就动机强烈的人会持续不断地为自己设定目标并努力达到

该模型之所以被称为“冰山模型”，是因为个人能力就好像冰山：浮出水面的部分象征着一些专业知识、技能等表层特征，这些特征是对一名员工的胜任力的最基本要求，而且它们也是容易培养、感知和判断的，也正因为如此，它们并不能用来决定或判断一名员工工作中是否有突出的表现；而隐藏在水面下的则是品格、动机、态度、行为习惯和价值观等深层次胜

任特征，它们与高绩效密切相关。

可见，水面下的东西是万万不可忽略的。就像两个刚走出大学校门的毕业生，他们的起点基本一样，但两三年之后，他们之间的差距可能会很大。甚至可能一个人平步青云，而另一个人则一直在原地踏步。导致这种巨大反差的根本因素，就是那些隐藏在水面之下的东西，也就是一个人的品格、态度和价值观等深层次因素。因此，评判一个财会人员能否产出卓越的业绩，能否不断地取得进步，关键是要看他们身上是否具备这些胜任特质。

另外，在建立财务部员工胜任素质模型时，还必须以组织、部门的预期目标为导向，两者之间联系越紧密，关系越明确，胜任素质模型对组织、部门的效用越大。

2．对财务人员的胜任力进行描述、定义

财务工作者的胜任力包括以下几个方面：

第一，对会计法和税法有系统的认识，具备立体的经济、财税知识。

第二，具备良好的学习能力，有丰富的知识和应用知识的能力，能活学活用，不断提升自我。

第三，具有良好的沟通能力、理解能力和内外协调能力，具备团队合作意识，能团结一致向前看，将内部消耗降到最低。

第四，了解最新的财务政策、税收政策、减免税政策，能够通过最新经济动态，分析企业未来的走向。

第五，有良好的心理素质和较高的情商，能控制自我、管理好财务，了解人性，了解同事，了解领导。

第六，具备对宏观形势的理解能力、综合分析能力、职业判断能力、财务管理能力，熟练掌握会计法规及国内外会计标准。

第七，具备良好的道德素养，诚信为本，操守为重；坚持准则，不做假账。

3．基于胜任力的财务人员管理

基于胜任力的财务人员管理，是以财务部员工的胜任力为基础的员工管理，是对员工的胜任力资源进行高效管理、合理利用、有效开发，是对具有财务部门需要的胜任力人才的获取、配置和科学合理使用，是对财务部员工的现有胜任力的有效发挥、潜在胜任力的有效挖掘，也为财务部员工管理的实践提供了一种更宽广的视角和更有利的工具，对工作分析、员工培训、绩效考核和员工职业发展等管理工作带来了新的思想和方法。

第一，基于胜任力的职务分析。胜任力能够区分表现卓越者和表现一般者，因此，通过分别提取卓越财务人员与普通财务人员的特质，可获得胜任特征。

第二，基于胜任力的任职资格分析。也就是结合财务部每个岗位及组织层面的要求，明确胜任该岗位所需要的素质，这种素质能够确保员工在该岗位上发挥最大潜能。最终，要以此素质标准来对员工进行筛选。

具体来讲，对财务部某细分岗位任职资格的分析，可从以下三方面进行。

（1）个人的胜任力，也就是个人能做什么。

（2）岗位工作要求，是指个人在工作中被期望做什么。

（3）组织环境，是指个人在一定的组织环境中可以做什么。

相应岗位的胜任特征就是上述三个方面因素的交集，它代表着员工最有效的工作行为或潜能发挥的最佳领域，当员工的胜任力大于或等于这三个因素的交集时，他们才有可能胜任该岗位的工作。

第三，基于胜任力的财务人员选拔。它是以胜任特征为基础的员工选拔方法。传统的财务部人员选拔方法，通常看重员工的知识、技能等外在特征，而没有去考量那些内在的特质、态度等深层次因素。这种方法难免偏颇和出现误差。只有同时去考量那些深层次的胜任特质，才能挑选到胜任力强的财务人员。

第四，基于胜任力的财务人员培训。基于胜任力的财务人员培训和传统的培训有很大差异，因为它的一个突出特征是要根据财务部员工的个体胜任特征来针对性地安排培训方案。基于胜任力的人员培训，可以通过更具个性化和针对性的培训，促进人岗相匹配。当我们发现某些员工的个体胜任特征与其职务胜任特征不匹配时，就可以安排符合其个体胜任特征的在职培训，促进其职业能力的发展。

第五，基于胜任力的绩效考核。首先，要找出区分优秀财务人员和普通财务人员的因素，即在职务分析中所确定的胜任特征；然后，在此基础上确立绩效考核指标。这样，才能真正体现出绩效考核的精髓，才能真实地反映财务人员的综合工作表现。当相关考评者从胜任力的视角对财务人员进行绩效评估时，应从目标的完成、绩效的改进和财务人员能力的提高这三方面同时考量。

亲戚管财务为何越管越乱

小企业、家族企业老板喜欢安排亲戚来管财务，为什么说亲戚管财务很可能会越管越乱呢?

1. 不利于企业构建规范的内控体系

让亲戚管财务，多半是由于企业的管理机制、内控机制不够健全，老板担心从社会上招聘的财务人员不好管理、不好控制、忠诚度不够，于是就希望用亲戚的亲属关系来弥补。

且不说这种责任心能否靠得住，一旦企业养成这种通过“人性”来管理财务，而非借助合理的内控机制来管理财务的习惯，将不利于企业管理规范化进程的推进，也很难形成健全的内控体系。

当企业规模有限时，企业业务量较少，老板对财务还能做到有效监控。待企业发展壮大，业务量与日俱增时，如果缺乏相应的内控体系，企业财务管理便会乱象丛生。仅以采购环节为例，从申购开始，要经询价、合同签订、采购、验收、入库诸多环节，各环节需要相互牵制、互相制衡，才能避免出现舞弊和腐败，如果没有相应的制约机制，则出现舞弊和腐败的风险将会大大增加，老板仅靠个人精力也很难实现全面监控。到那时，企业的财务管理将会漏洞百出。

2. 不利于企业形成规范的财税管理体系

让亲戚管财务的公司，其财务都存在这样那样的问题。让亲戚管财务在某种程度上也是为了掩盖问题。一方面，亲戚会无条件按老板的指示去做，不会像其他财务人员那样对不合规的要求予以拒绝；另一方面，也不用担心被举报，因为都是“自己人”，用起来比较放心。

让亲戚管财务，老板大多有自己的小心思，那就是为了更方便地做两套账，一套账对外，一套账对内。两套账最主要的特点表现在企业一部分收入不入外账，回款直接进了老板个人的兜里。两套账既逃了增值税，又逃了所得税。许多小企业肆无忌惮地让“自己人”做两套账，但是手法通常比较拙劣，经不起税务稽查。

而且，一旦企业养成了“家财务”的管理风格，其财务实现正规化转型的代价将会非常大，这不利于企业形成规范的财税管理体系。

3. 不利于引进优秀的财务人员

让亲戚管财务，表现出老板的防人思想较重，缺乏“用人不疑，疑人不用”的格局。企业走得远不远，关键看老板，老板既防外人，又让没有能力的亲戚担任重要岗位，非常不利于引进优秀的财务人员，即使有其他财务人员进入，也会受到排挤，不被重用，甚至还要看老板亲戚的脸色行事。下面来看一些财务人员的描述：

“我在这样的公司待过，出纳是老板的亲戚。很没意思，现在那个公司也死气沉沉的。”

“感觉我现在所在的公司特别不正规，听说公司新来的出纳是老板的一个亲戚，做的账对不上，公司资金也不让我监督，工作也不听调遣，出了问题又要我去负责。”

“如果老板没有海纳百川的胸襟，很难让企业产生重大突破，特别是公司财务部都是自己亲戚的情况，人才更容易被老板的亲戚给排挤掉，最后有可能毁掉老板苦心经营的公司。”

“用亲戚倒不一定有问题，有能力的亲戚做财务对企业是锦上添花，无作为的亲戚占着这个职位就像个蛀虫，迟早把公司拖垮。”

财务部，如果亲戚当道，显然不利于财务人才的引进，也不利于部门的团结与和谐。这样，企业发展就会有很大的局限性。

4. 企业财税风险巨大

企业采用“家财务”的经营模式，其财务管理往往比较混乱。

第一，算不清楚账，企业是亏了还是赚了根本算不清楚，老板也盲目乐观，进而导致企业靠贷款和借钱生存、现金流紧张、员工发不出工资的情况时有发生。

第二，财务部缺乏有效的管理和控制，账目混乱，做多套账，财务报表随意编制，致使企业对外报出的数据报表连老板自己都不清楚，不仅闹出很多笑话，而且加大了企业的财务风险。

第三，核算不准确，经常出现错账，多缴税和少缴税的情形时有发生，直接导致企业的涉税风险加大。

第四，资金管理方面问题很多，多付款、少收款的情形也时有发生，出现很多糊涂账。

这类企业，基本都存在偷税、漏税和财务管理不规范的问题，存在巨大的财税风险，一旦被税务部门稽查，将会付出沉重的代价。

老板必须掌握的财务人员考核方法

很多企业都存在无法考核财务人员，甚至不敢考核财务人员的现象。因为，老板需要财务人员对企业的真实财务状况保密，所以不敢对财务人员进行考核。其实，这是一种非常偏颇的观点，如果财务管理没有被纳入企业考核管理的范围，那么企业的运营风险将会非常大。

《谁说大象不能跳舞?》一书的作者、国际商业机器公司（IBM）首席执行官郭士纳曾说："如果你强调什么，你就检查什么，你不检查就等于不重视。"

检查，即考核。当然，考核也不是随便进行的，有效的考核需要建立在两个基础之上。我们先来看一个案例。

案例

海底捞的老板张勇靠卖麻辣烫赚取第一桶金，黄铁鹰在其所著的《海底捞你学不会》一书中透露了这样一个细节：

"半年下来，1 毛钱 1 串的麻辣烫让张勇赚了第一桶金——1 万元钱。一个年轻人捡 1 万元，或者父母给 1 万元，同卖 20 万串麻辣烫挣的 1 万元，是不同的钱。前一个 1 万元是洪水，会一下把小苗冲走；后一个 1 万元是春雨，春雨润物细无声。

"卖了 20 万串麻辣烫的张勇悟出来两个字——服务。"

海底捞赖以打动顾客的重要武器就是服务，是近乎"变态"的服务。为什么海底捞能将服务做到极致，因为它的老板张勇对服务顾客的所有环节都是精通的，卖 20 万串麻辣烫的经历给予他这一能力。有如此"火眼金睛”的老板，下面的员工在执行企业的服务宗旨时，谁还敢就此问题去糊弄他，那简直是开玩笑。

如果所有的老板（包括部门管理者）都能像张勇那样精通自己的业务，那么他们考核员工的业务会更加行之有效，员工也不能在他们面前蒙混过关。

这就是有效考核的第一个基础——老板自身要具备相应的知识。对于财务人员考核，老板要掌握相应的财务知识，不要求其完全精通，但要知道财务工作的关键点、难点以及容易出问题和纰漏的环节，这样才能更好地对财务人员进行考核。

有效考核的第二个基础，是要建立一种检查的机制——绩效考核制度。

绩效考核不是孤立存在的，对财务部实施绩效考核，应当从绩效管理的角度来重新认识绩效考核的实施和作用。财务部绩效管理是一个完整的系统，应该包括绩效计划、绩效管控、绩效评估和绩效反馈四个环节（见表5-2）。

表5-2　财务部绩效管理的四个环节

环节	内容
绩效计划	它是整个绩效管理过程的起点，老板、相关高管应同财务部经理及员工一起讨论，制定绩效目标，就财务部员工要做什么、需要做到什么程度、为什么做、何时应做完等问题进行识别、理解并达成协议
绩效管控	由财务部经理和员工进行持续的绩效沟通，发现问题及时解决，帮助员工提高个人绩效，是在整个绩效考核周期内一直进行的
绩效评估	选择合理的考核方法与衡量技术，对员工进行考核，是在绩效考核周期结束时进行的
绩效反馈	进行绩效考核面谈，对员工绩效改进进行指导，实现报酬反馈，也是在绩效考核周期结束时进行的

在公司总体绩效管理思路的指导下，财务部及所属员工都应制定自己的绩效目标。在绩效管理过程中，财务部员工可以及时发现本部门出现的问题，在问题尚未造成损失的情况下及时找出问题原因予以解决，从而保证完成本部门及相应个人的绩效目标。当每个员工、部门都完成了自己的绩效目标时，企业的总体绩效自然就会更好，在同等市场环境下，企业也将会变得更有竞争力。

1. 绩效考核指标

对于财务部门这种工作任务繁杂，大多是事务性工作，没有明确的业务指标，工作业绩难以用数字来衡量的部门，应针对其工作特点，进行合理有效的绩效考核，具体可从工作量、工作质量、工作效率三个维度设置绩效考核指标，并对考核指标进行量化。

（1）工作量维度。财务部的工作虽然繁杂、无定形，但是很大一部分工作是可以进行量化的，例如，财务部制作财务报表的工作，可用财务报表的数量来衡量工作量。

（2）工作质量维度。设计工作质量维度的考核指标可以考查该项工作质量不合格的话会导致什么情况，例如，财务部的现金结算工作，可以用现金结算中或者结算记录中出现差错的次数来衡量。

（3）工作效率维度。将考核中常用的“及时性”这一空泛的指标转化为延迟次数。对某项工作约定一个合理的期限，在该期限内未完成，即认定工作效率不达标。

详细来说，对于定量的目标，可以多从数量、成本等角度进行衡量，如公司收入预算完成率、利润完成率、应收账款降低额、节税额等；对于定性的目标，可从质量、时间的角度去考虑，如其他部门人员对财务部服务的满意程度，可以通过人员投诉率、服务及时性来衡量；起草方案的质量可以用通过率来衡量，看方案是一次通过还是数次才通过；等等。

2. 绩效考核指标的“四化”标准

所谓“四化”，是指“能量化的尽量量化，不能量化的先转化，不能转化的尽量细化，不能细化的尽量流程化”（表5－3）。

表5－3　绩效考核指标的“四化”标准

标准	适用性	解读
能量化的尽量量化	财务部很多工作都可以量化，那就直接量化	如差错率、会计目标综合完成率等
不能量化的先转化	有些不能量化、比较笼统的工作可以先转化	如会计流程、内部人员满意度等，针对这些工作，可以通过目标转化的方式来实现量化，转化的工具就是数量、质量、成本、时间等元素
不能转化的尽量细化	就某些财务部岗位来说，工作繁杂琐碎，无法确定其工作核心是什么，不好量化，而且量化了也不一定能做到全面、客观	如财务部主管、出纳、内勤等。碰到这种情况，我们可以采取目标细化的方式：首先对该职位工作进行盘点，找出该职位所承担的关键职责，然后运用合适的指标进行量化。这样，经过细化的指标就基本上能够涵盖其主要工作
不能细化的尽量流程化	有些岗位工作比较单一，这种工作用量化、细化都无法准确衡量其价值，如出纳的工作就是事务性工作，有任务就做，类似的还有专项会计如销售会计等	这种工作，可以采用流程化的方式，把其工作按照流程分类，从中找出可以考核的指标。如销售会计岗位，可针对其具体工作范围，以及所配合的内外部客户，来设计详细的工作流程，针对每个流程，我们可以从多个维度来衡量，我们还可以对评价标准列出相应等级。如果考核的话，就由其主管按照这些标准征询其服务客户意见进行打分评价

对财务人员的绩效考核，并不是什么工作都可以量化，如果采用“一刀切”的硬性量化，就会出现僵化。不过，不能量化的工作也要进行考核，

这类考核由于没有量化指标，因此叫作定性考核，也叫质化考核、职能考核、功能考核、效能考核等。

定性考核的主要内容如图 5－1 所示。

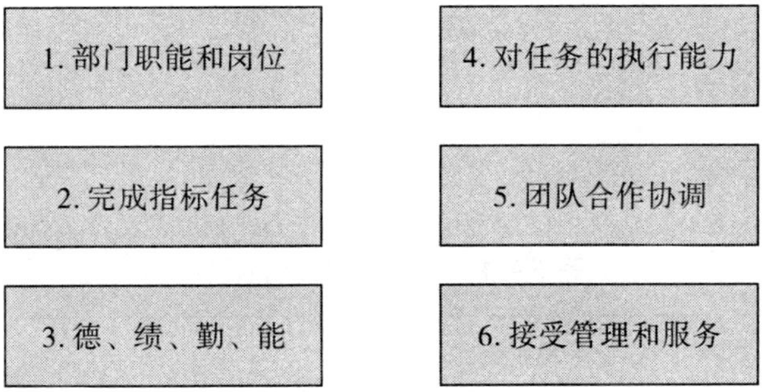

图 5－1　定性考核的六项内容

定性考核方法一般多以公开述职和民主评议的方式进行。在述职和评议中，也可以采用表格进行打分。

总之，绩效目标和绩效考核指标的量化只是做好财务人员绩效管理的第一步。要建立完善的绩效考核体系，必须坚持量化（定量）和非量化（定性）结合，这样才能取得更好的效果。

〔工具1〕 财务总监岗位职责

财务总监的岗位职责可参考表5－4。

表5－4 财务总监岗位职责

岗位名称	财务总监	隶属部门	财务部
上　　级	总经理、总裁	编　　号	
胜任资格	资格描述		
1. 良好的职业道德	职业道德不应只是一个概念，而应是财务总监必须遵守的准则。财务总监良好的职业道德主要有以下四点内容。 （1）对企业、社会高度的责任感。 （2）独立、客观、公正的工作态度。 （3）强烈的风险意识。 （4）严谨的工作作风		
2. 一流的个人素质	（1）具备较高的学历、专业知识。通常要具有本科以上学历，财务管理专业，8～10年工作经验，精通财务、金融、法律、企业管理等专业相关知识。具有丰富的财务工作和财务管理工作经验，并有高级会计师职称。 （2）不俗的管理能力。如与他人协调的能力、处理和解决冲突的能力、领导能力、行政和人事管理能力，以及组织和协调重大交易谈判的能力。 （3）精通业务。要全面掌握国家财政税务政策及有关法律法规，熟悉税务、金融工作及企业各部门的业务情况，熟悉银行融资、信贷手续，熟悉经济管理、统计、审计等专业知识		

（续表）

胜任资格	资格描述
3．综合工作能力	财务总监应像其他管理者一样，必须具备综合的工作能力。财务总监应具备的综合工作能力包括理财能力、决策能力、协调能力、表达能力、组织能力、应变能力等
岗位职责	**职责描述**
1．制定财务制度	（1）主持制定企业财务管理、会计核算、会计监督、预算管理、审计监察、库管等工作的规章制度和工作流程，获批准后组织实施并监督检查执行情况。 （2）在企业内执行国家有关财经法律、法规、方针、政策和制度，使企业合法经营，维护股东权益不受侵害
2．融资管理	（1）根据董事会指示和企业的经营要求，筹集企业运营所需资金，满足企业战略发展的资金需求；审批企业重大资金流向。 （2）依照企业对资金的需求，疏通融资渠道，维护与金融机构的良好关系，满足企业在经营运作中的资金需求。 （3）起草并制定企业发行股票、债券方案
3．日常财务工作管理	（1）组织领导企业财务管理、会计核算、会计监督、成本管理、预算管理、审计监察等方面的工作，提高企业的收益。 （2）定期对企业财务管理工作进行考核、督促、检查，提高财务部门的工作效率。 （3）与总经理共同审批规定限额范围内的企业经营性、融资性、投资性固定资产资金支用和担保贷款事项。 （4）每季度向董事会报告企业的资产和经济效益变化情况
4．财务控制	（1）执行董事会有关财务方面的决议，对企业日常资金运作和财务运作进行监控。 （2）按个人职务权限审批企业各部门的各项预算、费用计划。

（续表）

岗位职责	职责描述
4. 财务控制	（3）对企业的财务预算及财务计划的执行情况进行监督，控制各项费用的使用。 （4）监控大额资金的运作
5. 财务分析与预测	（1）定期对企业经营状况进行阶段性的财务分析与财务预测，并提出相应的改进方案。 （2）向董事会提交财务分析及预测报告，为企业经营决策提出合理化建议、意见
6. 财务审计、督办	（1）组织人员制订年度审计工作计划。 （2）根据企业相关规定，组织年度财务收支审计、经营成果审计等工作。 （3）负责企业主要负责人的离职审计及重大财务违规审计，并向董事会及总经理提出处理意见
7. 财务部日常管理	（1）负责财务部管理人员的管理、考核，监督其各项业务工作。 （2）指导开发财务部人力资源，提高财务人员的综合素质。 （3）做好财务部的行政事务处理工作，提高效率，增强团队精神。 （4）将财务部门工作按下属人员的能力进行合理分派，并促进各下属间工作的联系与配合。 （5）运用有效领导方法，激励下属人员的士气，提高工作效率，并督导下属人员依照工作标准或要求高效地完成其工作，确保本单位目标的达成

【工具2】财务经理岗位职责

财务经理的岗位职责可参考表5－5。

表5－5 财务经理岗位职责

岗位名称	财务经理	**隶属部门**	财务部
上　　级	财务总监	**编　　号**	
胜任资格	（1）具有良好的职业道德，坚持原则，做到廉洁奉公，具备一定的组织能力。 （2）具有大学本科以上学历，有会计师职称或注册会计师证书，有5年以上企业财务管理工作经验。 （3）熟悉财务管理工作，精通企业会计核算，熟知国家的财经法律、法规、规章、制度和方针政策。 （4）熟练掌握财务管理知识。 （5）熟练操作办公软件和财务软件。 （6）有良好的交际能力		
岗位职责	（1）在财务总监领导下，负责主持本部门的全面工作，组织并督促部门人员全面完成本部门职责范围内的各项工作任务。 （2）贯彻落实本部门岗位责任制和工作标准，密切与生产、营销、计划等部门的工作联系，加强与有关部门的协作配合工作。 （3）在企业内部积极贯彻落实《中华人民共和国会计法》及地方政府有关财务工作法律法规。 （4）组织企业财务管理制度、会计成本核算规程、成本管理会计监督及其有关的财务专项管理制度的拟订、修改、补充和实施。		

（续表）

岗位职责	（5）组织人员编制企业的财务计划、审查财务计划。制订资金筹措和使用方案，全面平衡资金，广开财源，加速企业资金周转，提高资金使用效率。 （6）组织领导本部门按上级规定和要求编制财务决算等工作。 （7）做好企业的成本管理工作。做好成本预测、控制、核算、分析和考核工作，降低企业消耗，节约费用，提高利润率。 （8）建立和完善企业财务稽核、审计内部控制制度，监督其执行情况。 （9）审查企业的经营计划与各项经济合同，并认真监督其执行，参与企业产品开发、基础建设、技术改造和其他经营项目经济效益的审议。 （10）参与审查产品价格、工资、奖金及其涉及财务收支的各种方案。 （11）组织考核、分析企业经营成果，提出可行的改进建议和措施。 （12）对财会人员进行业务培训。规划会计机构、会计专业职务的设置和会计人员的配备。组织会计人员培训和考核，坚持会计人员依法行使职权。 （13）向企业总经理、财务总监汇报财务状况和经营成果。定期或不定期向上级汇报各项财务收支和盈亏情况，以便辅助领导进行决策。 （14）有权向主管领导提议下属人选，并对下属的工作业绩进行考核评价。 （15）完成董事会及企业决策层交办的其他工作任务

第六章
成本管控与利润管控：你去年总共赚了多少钱

收入减去成本等于经营利润。企业要想追求利润，方式有两种：一种是增加收入，另一种是降低成本。通过成本管控来达到利润管控的关键在于控制成本，通常成本降低 10%，利润就会翻一番，减成本就是减风险，因此，做好成本管控十分重要。同时，老板也要树立正确的利润观，理性看待利润。

老板应树立正确的利润观

做生意、办企业，都讲求利润，企业经营的主要目标是追求利润最大化。当然，企业的目标除了追求利润之外，还有满足客户需求、履行社会责任、解决就业问题等。但这一切都必须以获得利润为前提，如果一家企业没有利润，任何社会责任都难以担当。

任正非在华为内部会议上曾指出："做企业和打仗是一个道理，打下的地盘越多、缴获的战利品（利润）越多，大家能分到的战利品就越多，队伍也越有战斗力。"

不错，企业存在的根本目的是获得"战利品"，即获得利润。

1．增加利润的常规途径

企业增加利润主要有以下四种途径。

第一，提高产品售价。

在成本一定的前提下，产品售价越高，企业利润也就越高。在当前市场竞争激烈的环境下，此路基本行不通，因为竞争对手都在想方设法打价格战、做优惠促销，如果逆流而上提高产品售价，大概率会碰壁，除非企业推出的是颠覆性的创新产品，或者企业在行业、供应链中处于不可替代的绝对优势地位，又或者企业拥有竞争对手无可比拟的品牌优势，可以获得品牌溢价（比如苹果公司和一些奢侈品品牌）；否则，尽量不要通过提高产品售价来增加利润。当然，因原材料价格上升而导致同类产品普遍涨价的现象除外。

第二，降低成本。

管理学大师彼得·德鲁克曾说："企业家就是做两件事，第一是营销，第二是削减成本。其他都不要做。"降低成本是增加企业利润的主要途径，在产品价格不变的情况下，企业成本越低，利润就越高。

第三，提高产品质量。

产品质量的提高能够提升用户满意度和产品口碑，进一步扩大产品销量，形成供销的良性循环。同时，高质量产品能够有效避免退货、返修和客户投诉，也能够节省企业在相应环节的人力成本和其他成本，变相增加企业利润。而且优质产品本身也能获得较高的售价，进而获得较高的利润。

第四，向财务要利润。

企业成本不仅包括产品成本，也包括人力成本、运营成本、资金成本、财务成本、税务成本，要全方面去筹划。企业可通过减少固定资产和流动资金占用量、节约固定资产和流动资金占用费、严格控制营业外支出、增加营业外收入、提高资金周转率、降低财务成本和税务支出，来增加利润。

2．企业收入高，利润未必高

如果说降低成本是节流，那么增加收入则是开源。

但是，企业的收入提高了，利润未必相应提升。道理很简单，企业可能为了追求高收入，而不计代价进行大规模人员扩招、大规模扩张、大规模负债，导致公司费用和运营成本大幅度增加，甚至增加的幅度超过收入的上涨幅度，最后就造成收入很高、利润却很低的结果。

因此，在企业业务扩张中，要具备结果导向思维，用利润目标来衡量业务增长。如果企业追求的是短期内快速占领市场、快速提高市场占有率而不惜以牺牲利润为代价的话，那又另说。

3．消除老板和财务人员之间的认知差异

在企业中经常可以看到这样的现象：老板算出的利润数据和财务人员提交的数据不一致。这是老板和财务人员之间的认知差异造成的。

第一，收入上的认知差异。

通常，财务人员会根据会计准则来确认企业收入，一般在开票时确认收入，对于一些周期性的企业经济活动则按照工作进度来确认收入，且收入都是不含税的。

与此相反，老板则习惯按照发货来确认收入，按照回款来确认收入，且认为收入都是含税收入。

要消除这种认知差异，老板需学习和了解会计准则。另外，财务人员可以在内部报告上列出多重收入数据，以作为比对。

第二，成本上的认知差异。

财务人员通常按照会计准则进行成本项目的列示，比如营业成本（制造成本、购进成本、服务提供成本）、期间费用（销售费用、管理费用、财务费用）和资产减值准备等。

而老板则倾向于按照固定成本和变动成本的模式来核算，而且也未将折旧费、资产减值准备等不产生于当期的费用计入成本。

成本认知差异的解决方法主要有两种：一是调整企业内部管理用的利润表格式，按照变动成本/固定成本的模式列示成本项目；二是对折旧费、摊销费、资产减值准备等非付现项目在后面单列。

第三，成本核算上的认知差异。

财务部门的成本核算工作是基于会计准则，生产经营中产生的间接制造费用往往按照某特定标准进行分摊，而对于非生产过程中的间接费用则会列入期间费用。

老板则认为不应该将所有的生产费用都按一个标准（比如质量、材料费、产值等）进行分配，这是不准确的，也是不合理的；还有一些同产品直接相关的期间费用如运费、销售提成等也应当计入相关产品中。

对于这种差异，其实老板的认知是有道理的，财务人员应当根据老板的观点来调整财务工作模式，尽可能实现核算工作的精细化，逐步开展作业成本的核算方式，并且在内部报告中将一些期间费用计入产品中，进行期间费用产品化。

只有老板和财务人员统一了认知，双方才能获得统一的利润数据，才能更好地为提高利润而努力。

4. 避免过分追求利润最大化

企业财务管理目标应定位为企业价值最大化，而非企业利润最大化，不建议老板过分追求利润最大化。否则，可能导致企业为了追求利润而做出错误决策，盲目上马一些新项目；同时为了扩张业务而在不具备偿债能力的情况下进行高风险的负债经营，企图以此来促进企业的发展和规模的扩大，从而使企业陷入“举债一再举债一债上加债”的恶性循环之中。这样，不仅老板原本渴望的利润最大化没有实现，反而降低了企业利润，导致企业出现资金风险和经营风险，得不偿失。

特别是中小微企业，在缺乏专业的财务人员和财务管理系统时，应尽量避免将企业财务管理目标定位为追求企业利润最大化，并为此进行盲目的项目投资和过度依赖负债经营。

实施有效的预算管理

“凡事豫（预）则立，不豫（预）则废”。预算是企业经营活动的前端环节，是企业实现经营目标的重要保障，也是老板掌控企业的重要手段，对指导企业生产经营具有举足轻重的作用。

做好预算管理能有效保障企业各部门的资金流转和使用效率，从而更好地促进企业的发展。然而实践中很多中小型企业都没有完善的预算管理，对经营目标所做的都是估算、匡算，缺乏数据支撑，更多是凭感觉、凭经验来预估经营目标。这样企业不仅难以实现低成本运作，而且很难达到预期的经营目标。

更有不少老板认为编制预算是财务部的事情，企业预算就是财务预算，这也是一个认知上的误区。

事实上，预算管理不等于财务预算管理，预算管理的负责人也不一定是财务部门的负责人。企业的每一个部门、每一个管理者、每一项工作的责任人，都是预算的编制人。企业可根据其规模，设立专门的预算管理机构，甚至流程部门，在企业内推进全面预算管理。

全面预算管理，应按照企业的经营目标层层分解，下达于企业各个部门和下属单位，需要全员参与、横纵沟通来实现企业全部业务的量化、细化，并对经营活动全过程的投入和产出展开检视、控管，最后以绩效结果为导向进行评价与激励。

有效的预算管理可以通过对执行过程的实时管控，将实际完成情况与预算目标不断对照和分析，从而及时改善和调整经营活动，以帮助老板更有效地管理企业和最大限度地实现企业战略目标。

1．预算编制的基本原则

企业预算编制的基本原则有以下五条：

第一条，一致性原则。各预算单位的预算管理工作要与企业总体目标保持高度一致，各级预算单位的预算都必须服从企业的近期经营目标和长期发展目标。

第二条，分级预算原则。各级预算单位分别编制本级预算，然后由上级预算单位审核确定，按一级管理二级、二级管理三级的原则进行分级管理。

第三条，全面预算原则。预算要全面和完整，包括损益预算、权益预算、现金预算三个部分。具体要求：凡是影响目标利润的业务和事项，均应以货币或其他计量形式具体反映，有关预算指标之间要相互衔接，勾稽关系要明确，以保证整个预算的综合平衡。

第四条，实事求是原则。预算编制要根据企业实际情况，从实际出发，充分估计各项目标在实现过程中可能出现的变动因素，保证预算切实可行，充分发挥其指导和控制作用。

第五条，不调整原则。财务预算经董事会确定后，通常不再进行调整，各级预算单位应按照预算严格执行，做好监控分析、考核奖惩。

2．预算编制的参与主体与流程

企业预算管理有两项职能，即管理决策和管理控制，不同职能对预算管理体系的设计有不同要求。为解决职能之间及部门之间的矛盾，在预算管理实践中，一方面应当让各部门参与到预算的编制中来，增加预算的科学性和可操作性；另一方面，要让企业最高领导参与编制预算并拥有最后决策权，唯此才能从整个企业的大局出发，制定出切实可行的预算方案。

预算的制定应当是各参与方之间反复博弈的过程。在这个过程中，信息流动是多向的，也是反复的，直至最后达到一致。通常，预算制定应按如下流程进行：

（1）首先由预算委员会提出关键性指标，如销售量、销售价格、生产成本、目标利润等，但不必确定具体数值。

（2）将这些指标交由各职能部门充分讨论，直至形成一致意见，预算委员会需对讨论过程进行指导和监督。

（3）预算委员会据此确定预算总量指标，并将其初步分解到各职能部门。

（4）各职能部门根据分解的预算指标制定本部门的预算，并交预算委员会审核和汇总。

（5）预算委员会据此编制全面预算，并分发至各职能部门。

3．预算编制的方法——历年制和周期制

现行预算一般以年度为基础进行编制，这种编制方法称为历年制。这种方法易于理解，便于用于业绩评价，但并没有充分的理论依据，因为企业的经营活动并不是以年度为周期，企业的经营活动或成果在年度与年度之间并不存在明显的规律性。

历年制不适用于长期预算，因此应用以企业周期（包括企业生命周期和产品生命周期）为预算编制基础的周期制来替代历年制。

周期制并不否定历年制，它是对历年制的完善，使之在发挥原有功能的基础上更加切实可行。

4．预算编制的基本程序

企业编制预算的程序，一般要遵循“上下结合、分级编制、逐级汇总”的原则。

第一，目标下达。公司董事会或总经理办公室根据企业发展战略和预算期经济形势的初步预测，在决策的基础上提出下一年度企业预算目标，包括销售或营业目标、成本费用目标、利润目标和现金流量目标，并确定预算编制的政策，由预算管理委员会下达各预算执行单位。

第二，预算上报。各预算执行单位按照企业预算管理委员会下达的预算目标和政策，结合自身特点以及预算的执行条件，提出详细的本单位预算方案，上报企业财务部。

第三，预算审查。企业财务部对各预算执行单位上报的预算方案进行审查、汇总，提出综合平衡的建议。

第四，预算审批。企业财务部在有关预算执行单位做出修正、调整的预算方案基础上，编制企业预算方案，报企业预算管理委员会讨论。对不符合企业发展的事项，进一步调整、修订。

第五，下达执行。一般在当年 11 月开始制定次年的预算，完成编制后分解成一系列的指标并从次年开始实施。

5．预算管理的注意事项

第一，避免目标置换。预算目标从属于企业目标，但在企业活动中常出现严格按预算规定，始终围绕预算目标，而忽视企业目标的状况。为了防止预算控制中出现目标置换，一方面应当使预算更好地体现计划的要求，另一方面应适当掌握预算控制力度，使预算具有一定的灵活性。

第二，避免过繁过细。若预算对企业未来经营的每一个细节都做出具体的规定，这样实际上会导致各职能部门缺乏调整的余地，不可避免地影响企业运营效率，所以预算并非越细越好。预算应细化到什么程度，必须联系对职能部门授权的程度进行认真酌定，过细过繁的预算会让授权名存实亡。

第三，避免一板一眼。预算制定通常采用基数法，即以历史的情况作为评判现在和未来发展的依据。这样职能部门就有可能故意增大日常支出，以便在以后年度中获得较高的预算支出标准。因此，必须采取有效的预算控制措施来避免这一现象，如通过详尽报表内容、健全报表体系等方法减少人为因素，提高预算的精确性和科学性。

第四，避免一成不变。预算制定出来以后，预算执行者应当对预算进行管理，促进预算的实施，必要时可根据实际情况进行调整和修订。预算管理不能一成不变，要对预算进行定期检查，如果情况已经发生重大的变化，就应当调整预算或重新制定预算，以达到预期目标。

现金为王，现金流比利润更重要

现金是企业的血液，一家运营状况健康、良好的企业，必然有稳定的现金流作为保障。很多中小企业最容易出现的问题就是现金短缺，现金流不通畅，导致企业经营困难。

企业日常的经营、投资、筹资活动都离不开现金流，对现金流的管理是企业一项极为重要的管理活动，从某种程度上讲，现金流比利润更重要。

来看一个充满寓意的小故事：

某游客进入一个小镇，找到了一个家庭旅馆，拿出500元交给掌柜，定下了一个房间。游客上楼后，掌柜将500元钱还给了隔壁开蔬菜便利店的老板，还清借款。送菜的农户正好来到便利店里，于是老板将500元给了农户作为当月的货款，农户回去后又将欠饲料商贩的钱结清，而饲料商贩前几日招待一位朋友曾在家庭旅馆开过一次房，房款还未付，于是赶紧拿钱去旅馆用500元付清了房款。

500元钱绕了一大圈，又回到了旅馆掌柜的手中。而此时，楼上的游客查看房间后，表示不满意，不想入住，就找掌柜退钱走了。

小故事的当事人，好像谁都没吃亏，但是几人之间的债务都得到了清偿，互不相欠，这就是现金流的神奇力量。

企业现金流主要有三大来源：

第一，经营活动带来的现金流，主要包括销售商品、提供劳务、购买商品、接受劳务、支付税费等经营活动产生的现金流。

第二，投资活动产生的现金流，主要包括收回投资所收到的现金；取得投资收益所收到的现金；处置固定资产、无形资产和其他长期资产所收回的现金净额；收到的其他与投资活动有关的现金；购建固定资产、无形资产和其他长期资产所支付的现金；投资所支付的现金；支付的其他与投资活动有关的现金。

第三，筹资活动产生的现金流，主要包括吸收投资所收到的现金；取得借款所收到的现金；收到的其他与筹资活动有关的现金；偿还债务所支付的现金；分配股利、利润或偿付利息所支付的现金；支付的其他与筹资活动有关的现金。

现金流需要流动起来，还要健康的流动，才能产生收益，才能推动公司的发展。对企业现金流的掌控，可从以下几个方面着手进行。

1. 做好现金管理

做好现金管理，提高企业的资金保障和抗风险能力，是企业始终要重视的一个方面。因为企业不仅需要创造较高的利润，回报投资者，同时还必须时刻保持足够的现金流，否则就有可能出现财务危机。

案例

为提高企业的资金保障，某集团在融资渠道上进行开拓创新，除继续从银行获得无担保综合授信额度外，还获得了某财务公司 2.5 亿元的授信额度，且利率比较优惠。

集团下属公司也通过各种方式加强了资金管理，有效增强了企业防范财务风险的能力，具体情况如下：

(1) ××股份有限公司。

该公司采取的资金管理主要措施：

第一，通过中国进出口银行和某财务公司获得了低息项目贷款。

第二，借助买方付息的承兑汇票，有效降低了公司对贷款的需求。

第三，采用协定存款方式，将年存款利率提高了将近一个百分点，增加了公司的利息收入。

第四，与中国银行达成了“融易达”融资协议，从而达到了节省开具银行承兑汇票的手续费用的目的。

（2）××动力机械集团公司。

该公司财务状况良好，始终保持有充足的货币资金余额，以备不时之需。此外，该公司还通过各种方式来盘活资金，更加难能可贵的是，其销售收入回笼率竟达100%，极大地提高了企业资金的使用率和周转率。

（3）××机械有限公司。

该公司为了保证现金流的通畅，除了狠抓资金回笼，严格掌控现金流外，平时还让销售部门编制详细的资金收入计划，生产和其他费用支出部门则需要编制资金支出明细计划，最后由财务部门对上述收支计划按照企业的财务管理原则进行平衡后，再予以批准。

2019年初，为了满足日益增长的资金需求，该公司向某财务公司临时借款1000万元。在随后的经营中，该公司财务部门根据实际情况，量入为出，精打细算，努力减少开支，到了年底，不仅提前将借款还清，还实现了800余万元的经营性净收入。

另外，该公司除了将用于满足正常生产经营活动的资金存为活期存款外，其余资金全部办理了定期存款、通知存款等高利率存款，在很大程度上增加了企业的利息收入。

（4）××林业工具厂。

该厂通过强化对原材料、在制品资金占用情况的管理，有效控制了生产费用；通过对销售货款的管控，加快了货款的回收速度，提高了回收率。这些措施，都在一定程度上缓解了企业的资金压力，降低了资金使用成本。

2. 降低库存

企业每多一分存货，就会相应地减少一分现金流。为了减少存货对资金的占用，企业要注意加强对存货损失风险的控制，通过对生产规模进行精细化控制来节约库存成本。同时，企业的销售和市场部门还应综合运用降价和返利等各种优惠政策，来提高企业产品的销量，加速存货周转。

此外，还应严格核对账目和实物，对存货的进、销、存进行动态分析。财务部要根据生产计划来核对采购部门的采购预算，对于超出生产计划的物料采购一律不予批准，以降低库存，减少不必要的采购支出。

企业的财务部门每个季度都要将仓库的盘点信息及时反馈给供应部门，以及时处理长期积压的物资，降低存货成本。

3. 做好应收账款管理

同样的道理，企业如果多一分应收账款，账上就会少一分现金。为了强化对企业应收账款的管理，加速资金回笼，保证资金链安全，同时也为了随时监控企业应收账款存在的风险，老板应要求财务部和市场部按月上报应收账款详情，其内容主要包括应收款项余额和账龄、大额应收账款的明细情况。这样做的好处是能够更好地掌握客户信息，及时发现可能存在的风险并做出相应对策。

企业还应制定详细的应收账款管理办法，对催收工作中表现良好的人员予以重奖，以调动销售人员参与回款清欠工作的积极性，同时根据客户的具体情况和信用等级进行分级应收账款管理。

案例

某公司规定应收账款账龄不能超过 60 天，应收账款总额不能超过 2000 万元这条红线。同时，为了更好地进行应收账款催收和管理工作，对公司客户做如下分类：

第一，对于“中”字头企业（包括“中”字头投股的企业），由于其现金流基本上有保证，对这类企业的应收账款可以开绿色通道，不受信用额度所限。

第二，对于老客户中那些合作关系良好且付款记录良好的企业，可以继续执行现行销售政策。但铺垫资金总额包括发货未开票在内的金额不应超过 100 万元，或不超过每笔合同金额的 30%，且回款期限不应超过 3 个月。对于信用不好的客户，应安排专人加紧催收，最大限度保证公司资金安全。

第三，对于非“中”字头的新客户，如果是上市公司，由于其财务较透明，回款政策可以根据公司业绩和资金状况来制定，但铺垫资金不应超过60万元或每笔合同金额的20%，回款期限不应超过3个月。

第四，对其他客户，由于其资信无法从严考察，即使其提供财务或股东信息，也难以保证其真实性。特别是中小型民营企业，常有投资冲动，风险控制能力差，当其资金链断裂时，即使这些企业想付款，也无钱可付。对这类企业原则上要现款现货，即使给予购货账期，也应足够慎重，否则，宁可放弃。

在具体执行中，销售部承接合同时要会同财务部对客户的资信和付款条件进行审核，财务部对于不符合条件的项目拥有一票否决权。

按照上述原则，可能会让该公司损失一部分客户和利润，但也有助于夯实该公司的应收账款管理基础，淘汰劣质客户，提高企业的抗风险能力。

该案例对企业具有双重警示作用，尤其是中小型民营企业，更应加强现金流管理，一方面可以保持企业的健康运转，另一方面也不至于让企业沦落为合作伙伴眼中的“劣质客户”，导致生存环境堪忧。

4. 关注三个重要财务指标

管理企业现金流，要关注并控制好以下三个财务指标：

第一，回款期限（collection days），用来衡量企业需要多长时间能够收回账款，时间越短，企业现金流越充足。

第二，存货周转率（inventory turnover），用来衡量企业的存货占用营运资本和现金流的时间，周转率越高，企业财务越稳健。

第三，付款账期（payment days），用来衡量企业从收到货物到向供货商付款的时间，付款账期越长，越有利于缓解企业现金流紧张的问题。

作为老板，要监控好以上三个重要的现金流信号，提前制定计划，并与实际情况进行比较，一旦出现异常，立即启动应急预案。

成本领先思维

成本领先思维，又称低成本思维，是指企业通过一系列内外部成本管控活动，实现最大化地降低成本，取得相对于竞争对手成本上的比较优势，从而成为行业中的成本领先者。

成本领先思维的积极效应表现在以下三个方面：

第一，增加议价能力。议价能力表现在两方面：一方面是针对上游供应商的议价能力，成本低的企业往往能够形成规模优势，从而进一步降低成本，而大规模的原材料采购也能进一步提高针对供应商的议价能力，降低采购价；另一方面是增强对分销商和消费者的议价能力，能够承受一定程度的让利，同时也有足够的利润空间来对抗强势分销商，增强企业生存力。

第二，形成进入壁垒。成本低的企业，能天然形成针对行业潜在进入者和后来者的进入壁垒。这种进入壁垒，会让那些技术不成熟、成本控制不到位、缺乏规模优势的企业产生畏惧心理，不敢进入。

第三，保持竞争优势。成本优势足以让企业具备优势竞争地位，尤其是在进行价格战和促销战时，成本低的企业可以在竞争对手的成本线之下销售产品，在获得利润的同时让竞争对手毫无利润可言，从而挤掉竞争对手，扩大市场占有率，保持行业内的竞争优势地位。

案例

格兰仕集团，原本是一家羽绒制品和服装加工企业，后成功转型为家电制造企业，主导产品是微波炉。进入市场 3 年之后，格兰仕就晋身为中国微波炉第一品牌。到 1999 年，格兰仕一跃成为全球规模最大的微波炉制造商。在微波炉细分市场取得成功的基础上，格兰仕又提出用 3～5 年的时间成为空调、小家电等产品的全球最大制造商的目标。

国内外零售商和家电巨头都纷纷前往格兰仕取经，一时间，“北学海尔，南学格兰仕”的呼声不绝于耳。

在快速崛起的过程中，价格战是格兰仕的一个秘密武器。从客观上说，价格战是一把双刃剑，格兰仕却将这把双刃剑发挥到了极致。

1993 年，格兰仕第一批 1 万台微波炉下线，尽管销售情况不甚乐观，但当时格兰仕总裁梁庆德却已经将目光投向了 100 万台的数量级。1996 年，格兰仕微波炉产量增至 60 万台，随即宣布高达 40% 的降价幅度，这次大幅度的降价，让格兰仕的销售量猛增至 200 万台，市场占有率达到 47.1%。此后，格兰仕屡屡挥动降价大旗，先后进行了 9 次大规模降价，最低降幅为 25%，一般都在 30%～40% 之间，被业界誉为“价格杀手”。格兰仕的价格战促使了一次次的行业洗牌，那些规模小、竞争力弱、实力不强的同行对手纷纷出局。而格兰仕走的却是“规模扩大带动的是成本下降，微波炉降价又直接扩大了市场容量，企业资金回流也相应增加，企业规模再次扩大，成本再次下降……”这样一个良性循环之路。

格兰仕之所以敢打价格战在于其一流的成本控制能力，海尔首席执行官张瑞敏曾说：“在中国家电行业里，格兰仕在成本管理方面是非常优秀的。”

格兰仕的成本优势是从大规模生产中获得的，通常，生产规模扩大，必然伴随着固定投资增大，固定资产的持续投入，又会影响企业的现金流，而固定资产的折旧也会在一定程度上削弱企业的竞争力。

为了解决这个矛盾，格兰仕没有按惯例去大规模扩充生产线，而是走了一条虚拟联合扩张的新路子，不动用自有资金进行新的固定资产投资，而是用别人的钱在别的地方为格兰仕兴建生产线，从而让格兰仕免于背上沉重的成本负担，轻装前进。

举个简单的实例，就拿微波炉的变压器来说，起初，格兰仕分别以 23

美元、30 美元的价格从日本、欧洲国家进口，梁庆德感觉这样成本太高，于是就和欧洲的供货商洽谈："你把生产线搬过来，我们帮你干，然后 8 美元给你供货。"

这样一来，日本同行的压力倍增。时机成熟后，梁庆德又对日本企业说："你把生产线搬过来，我们帮你干，干完后 5 美元给你供货。"于是，一条条先进的生产线几乎都被"无偿"搬过来，格兰仕的生产能力大幅提升，技术水平提高了，集约化程度也提高了，成本也大幅度下降，格兰仕现在生产变压器的实际成本只有 4 美元。更巧妙的是，引进这些先进生产线，格兰仕几乎没有投入一分钱。

除了合理利用外部产能外，为降低生产成本，格兰仕还在工作时间上进行调整，员工分三班倒，生产线 24 小时都处于高速运转中，格兰仕的一条生产线发挥出的产能相当于欧美企业的 6～7 倍。

注重生产效率的格兰仕通过这些举措将竞争对手远远抛在了后面，在成本控制和生产效率上遥遥领先。租用的国外生产线，在扣除为别人代工生产的时间，格兰仕完全可以生产出能够保证自己需求数量的产品。另外，格兰仕在前期已经节省了大量的固定资产投资，获得了竞争对手无法比拟的成本优势。

成本控制在格兰仕集团，已经深入每一个员工的内心，如果夏天晚上有人加班，可能只是开着窗户，而空调往往是关着的。没有人加班的地方灯也是关着的，只有加班员工头顶上的灯是开着的。即便是公司高层管理人员，如果下班时不超过 5 个人，他们就会由楼梯走下来，而不会乘坐电梯。在格兰仕，全体员工都在同心协力致力于节能节约，以降低成本。

有赖于这些成本控制措施，格兰仕获得了其他企业难以望其项背的成本优势和竞争优势。

企业作为市场经济的经营主体，主要目标是获得经济利益，追求利润最大化。要做到这一点，不仅要扩大生产能力，提高产品市场占有率，还

要特别注意进行成本控制，就像上述案例中的格兰仕集团一样，因为节约的成本也会变成利润。

企业在践行成本领先思维、进行成本管理时，可以从以下几个方面入手：

第一，预防成本。预防成本主要包括在品质工程、产品质量控制活动、相关质量会议、新产品的评审、相关的培训等活动中所产生的费用成本。

第二，鉴定成本。该成本主要包括在原材料进货检验、在制品的过程检验、产成品的出厂检验所产生的成本，还包括在上述过程中所使用的检测设备仪器的维护保养、折旧以及在检验过程中产品的损耗等成本。

第三，内部失败成本。该成本主要是在产品的生产过程中，因产品质量不良所产生的费用，主要包括返工、返修、降级、报废和发生产品质量不良造成的生产停工等所涉及的直接与间接损失。

第四，外部失败成本。该成本主要是在处理客户抱怨及其他相关售后服务中所发生的费用，如客户投诉处理中的折价、产品质量不良产生的赔偿、保修期内维修的零配件成本和其他服务活动的费用等。

现实中，很多企业往往由于“预防成本”和“鉴定成本”的不可确定性而减少对它们的投入，故其生产成本除原材料、人工等固定成本外主要是由“内部失败成本”和“外部失败成本”构成的。

事实上，企业在运营过程中还会出现很多难以统计的隐性成本，对此，不必花费很大的人力、财力去统计，只需要重点把握好原材料、人工等固定成本和内部失败成本、外部失败成本等变动成本，在此基础上增加一些合理的成本预算即可。

最后，需要特别提醒各位老板的是，企业的成本不是越低越好，要根据具体的成本类型做分析。成本是获取收入的来源，如果企业的成本低到会影响收入，则不能再降低。比如，为控制人工成本降工资，工资降低，就会影响员工工作的积极性，进而导致员工工作效率下降，甚至会导致员工生产出不良产品，这样反而会间接增加成本。类似的成本控制都是不可取的。

［工具1］ 成本费用管理流程表

企业成本费用管理流程表如表6－1所示。

表6－1　成本费用管理流程表

名称	成本费用管理流程			编号	
				进度	
环节	生产成本	管理成本	销售成本	高层决策	
实施过程	财务部对实际生产成本及时入账 → 财务部根据企业制度定期编制生产成本分析表 → 财务部将实际发生的生产成本和预算进行对比，找出差异并分析其原因	财务部负责编写全面预算，并上报领导审批 → 全面预算经批准后，财务部负责下发到各部门并进行监督 → 财务部编制资金使用计划 → 财务部根据相关数据，定期编制资金成本、管理费用分析表 → 将实际发生的管理费用和预算进行对比，找出差异并分析其原因	财务部对实际销售成本及时入账 → 财务部根据企业制度定期编制销售费用分析表 → 财务部将实际发生的销售费用和预算进行对比，找出差异并分析其原因		

（续表）

<table>
<tr><td>实施过程</td><td>财务部就上述差异情况编写分析报告，并上报领导审批</td><td>财务部就上述差异情况编写分析报告，并上报领导审批</td><td colspan="2">财务部就上述差异情况编写分析报告，并上报领导审批</td><td colspan="2">企业决策层根据上述差异情况，对资金使用计划给出改进意见</td></tr>
<tr><td>备注</td><td colspan="6"></td></tr>
<tr><td>编制人</td><td></td><td>审核人</td><td></td><td>批准人</td><td></td><td></td></tr>
<tr><td>编制日期</td><td></td><td>审核日期</td><td></td><td>批准日期</td><td></td><td></td></tr>
</table>

【工具2】 财务预算、计划编制流程表

企业财务预算、计划编制流程表如表6－2所示。

表6－2　财务预算、计划编制流程表

名称	财务预算、计划编制流程		编号	
			进度	
环节	财务战略规划编制	财务计划编制	调整固定资产账目	
实施过程	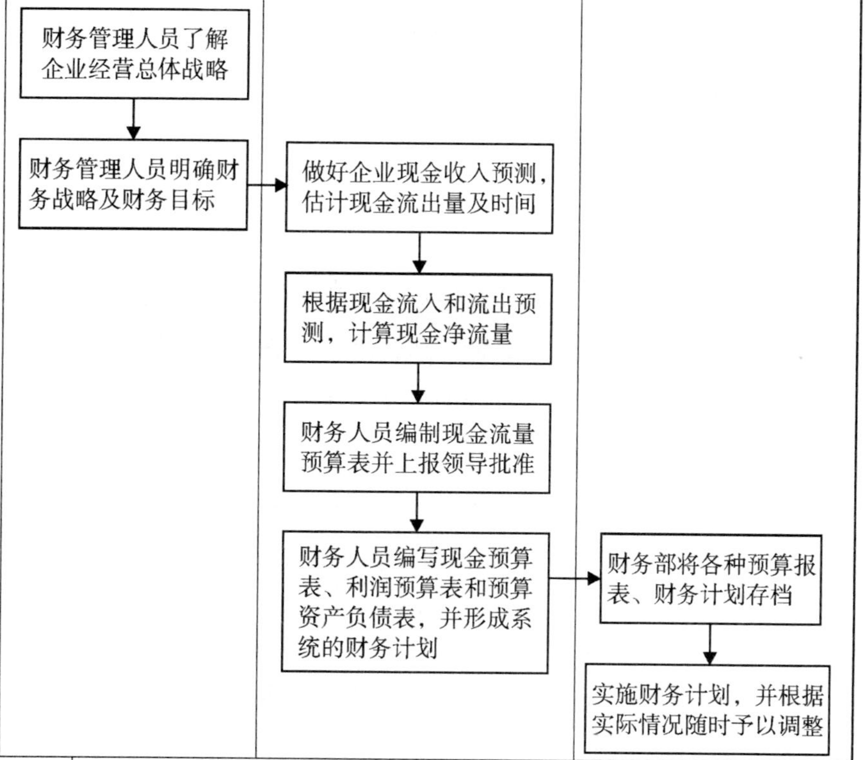			
备注				
编制人		审核人		批准人
编制日期		审核日期		批准日期

第七章
财务报表管控：老板如何看懂财务报表

财务报表是企业经营状况的晴雨表和直观反映，作为老板或企业控制人，不必懂得如何编制财务报表，但要能够看得懂财务报表，了解财务报表的关键信息所在，能够通过财务报表对企业的过去、当下和未来，有相应的比较到位的了解、总结和预判，让财务数据真正为企业运营和管理决策服务。

老板如何读懂资产负债表

财务报表是依据会计准则规范编制的，用来向企业所有者、债权人、利益相关方及政府和社会公众公示的反映企业经营状况和财务状况的报表，是企业的一种对外宣示语言。

事关企业生死存亡的最重要的财务报表有三个，分别是资产负债表、利润表和现金流量表。

其中资产负债表的历史最为悠久，早在1531年，德国纽伦堡商人约翰·戈特里布（Johann Gottlieb）在其所著的《简明德国簿记》一书中就公布了世界上最早的一张资产负债表。利润表则是1920年以后才被美国和欧洲一些国家要求披露的一个报表，而现金流量表1987年才开始使用。

从出现的时间也能看出资产负债表比利润表和现金流量表更为重要。

一般企业资产负债表格式及列示说明见表7-1。

表7-1　资产负债表（示例）

编制单位：　　　　　　　　　　　＿＿＿＿年＿＿月＿＿日　　　　　　　　　　　单位：元

资产	行次	期末余额	期初余额	负债和所有者权益（股东权益）	行次	期末余额	期初余额
流动资产：				**流动负债：**			
货币资金				短期借款			
短期投资				应付票据			
应收票据				应付账款			
应收股利、利息				预收账款			

（续表）

资产	行次	期末余额	期初余额	负债和所有者权益（股东权益）	行次	期末余额	期初余额
应收账款				应付工资			
预付账款				应付福利费			
应收补贴款				应缴税金			
其他应收款				应付股利			
存货				其他应缴款			
待摊费用				其他应付款			
一年内到期长期债券投资				预提费用			
其他流动资产				预计负债			
流动资产合计				一年内到期的长期负债			
长期投资：				其他流动负债			
长期股权投资				**流动负债合计**			
长期债券投资				**长期负债：**			
长期投资合计				长期借款			
固定资产：				应付债券			
固定资产原价				长期应付款			
减：累计折旧				专项应付款			
固定资产净值				其他长期负债			
减：固定资产减值准备				**长期负债合计**			
固定资产净额				**所有者权益：**			
工程物资				实收资本			
在建工程				减：已归还投资			
固定资产清理				实收资本净额			
固定资产合计				资本公积			
无形资产及其他资产：				盈余公积			

（续表）

资产	行次	期末余额	期初余额	负债和所有者权益（股东权益）	行次	期末余额	期初余额
无形资产				其中：法定公益金			
长期待摊费用				未分配利润			
其他无形资产				**所有者权益合计**			
其他长期资产							
无形资产及其他资产合计							
资产总计				**负债及所有者权益合计**			

由表7－1可知，资产负债表分成三大板块：资产、负债和所有者权益。

1．熟悉资产负债表的构成

（1）资产。

资产是指企业拥有或控制的，能以货币计量并为企业提供经济效益的经济资源，包括各种财产债权和其他权利。

例如，赵老板租了几间厂房和几台印刷机，开了一家小型印刷厂，赵老板使用的厂房和机器显然不是该印刷厂的资产，虽然此时赵老板可以行使对厂房和机器的使用权，但这些厂房、机器的所有权并不在他的手里，赵老板并不能控制和支配这些厂房和机器。

作为资产：

首先，要具有排他性，即某项资产的所有权和使用支配权只归某一企业。

其次，资产必须能够被企业以货币加以计量。例如，一家生产饮料的企业，占有了一处矿泉水水源，但却没有办法来给它估价，那么这处水源也不能算作这家饮料厂的资产。

再次，资产要能够直接或间接地为企业带来预期的经济效益，要有助于企业目前和未来的经营。像报废的机器，它已经不能再给企业带来任何的经济效益，也就不能算作资产了。

最后，资产既包括财产也包括债权和其他权利。

只有具备以上特征，才能被列为资产。

资产的本质是经济资源。它可以是有形的，如厂房、机器设备、原材料等；也可以是无形的，如土地使用权、专利权等。

资产按其在经营活动中的流动性和发挥作用的不同，分为流动资产、长期投资、固定资产、无形资产、长期待摊费用等。

①流动资产。

所谓流动资产，就是指那些流动性比较强的资产。流动性常常被理解为变成现金的能力。一项资产如果能够很容易地被变卖、处置而成为现金，那么它就具有很大的流动性。流动资产主要包括现金及银行存款、短期投资、应收及预付款项、存货等，它是企业多项资产中的“王牌军”。

·现金及银行存款，包括库存现金、银行存款、其他存款（如外币存款、外埠存款、银行汇票等），这部分资产又称货币资金。

·短期投资，指各种能够随时变现的、持有时间不超过 1 年的有价证券以及不超过 1 年的其他投资，例如各种股票、债券投资。

·应收及预付款项，指应收而尚未收回的账款和预付的购货款。它是企业的债权，包括应收票据、应收账款、其他应收款和预付账款等。

·存货，指企业在生产经营过程中为销售或耗用而储存的各种资产，包括各种库存商品、半成品、在制产品和各类材料、燃料、包装物、低值易耗品等。

②长期投资。

长期投资是指不准备在 1 年内变现的投资，包括股票投资、债券投资和其他投资。

·股票投资，指企业以用货币资金购买其他企业股票为形式的对外投资。股票投资是一种股权投资。

·债券投资，指企业以用货币资金购买国家或企业债券为形式的对外投资。债券投资是一种债权投资。

·其他投资，指企业对合营企业和合作企业的投资，包括用货币、商品、固定资产等进行的投资。其他投资也是股权投资。

股权投资与债权投资不同，企业对外进行股权投资，企业便成为被投资企业的投资人和股东，从被投资企业那里分取利润；进行债权投资，企业成为被投资企业的债权人，从被投资企业那里取得利息。

③固定资产。

固定资产是指使用年限在1年以上，单位价值在规定标准以上，并在使用过程中保持原来实物形态的资产，包括房屋及建筑物、机器设备、运输设备、工具器具等。

固定资产的特点是可以多次参加企业的生产经营周转，在长期使用过程中，虽有磨损仍能保持其基本形态不变，但价值随着使用而逐渐降低，降低的这部分价值称为折旧。

④无形资产。

无形资产是指企业长期使用而没有实物形态的资产，包括专利权、非专利技术、商标权、著作权、土地使用权、商誉等。

无形资产虽然不具有实物形态，看不见摸不到，但企业必须付出代价才能将其入账核算。无形资产可在较长时期内使用，为企业提供收益；如果不能为企业带来收益，则不能入账。

⑤长期待摊费用。

长期待摊费用是指企业已经支付，但不能全部计入当年损益，应当在本年和以后年度内分期摊销的各种费用。如需要在1年以上摊销的数额较大的广告宣传费、股票发行费、开办费、租入固定资产的改良支出等。

（2）负债。

负债是指企业所承担的、能以货币计量的、需要今后以资产或劳务偿付的债务。

负债按其偿还期的长短可划分为流动负债和长期负债。

①流动负债。

流动负债是指将在1年或超过1年的一个营业周期内偿还的债务。主要包括短期借款、应付及预收款项和预提费用等。

·短期借款是指企业向银行或其他金融机构借入用于生产经营的期限在 1 年以内的各种借款。

·应付及预收款项是指应付而尚未支付的账款和预收的销货款，包括应付票据、应付账款、应付工资、应付福利费、应缴税金、应付利润、其他应付款和预收账款等。

·预提费用是指已经列为当期或前期的费用，但到目前尚未实际支付，需在 1 年内支付的一种负债。

②长期负债。

长期负债是指偿还期超过 1 年的一个营业周期以上的债务。主要包括长期借款、应付债券和长期应付款等。

·长期借款是指企业从银行等金融机构和其他单位借入的期限在 1 年以上的各种借款。

·应付债券是指企业通过发行债券的方式筹集资金而形成的债务。

·长期应付款是指企业除长期借款、应付债券以外的其他长期债务。

若长期负债在一年内到期，也被视为流动负债处理。

（3）所有者权益。

所有者权益是指企业投资者对企业净资产的所有权。所谓净资产，是指企业全部资产减去全部负债后的余额。

所有者权益是与投资人的投资行为相伴而生的。不论投资人是国家、企业还是个人，其权益在性质上是相同的，都算作所有者权益。例如，A 公司原是一家国有企业，现改制为股份有限公司。原国家拨的款也要按价折股，算作国有股，是国家的所有者权益。如果某公司向 A 公司投入 2000 万元人民币，那就是该公司在 A 公司的权益。如果是个人购买 A 公司的股票，那个人投了多少资金，就拥有多少所有者权益。所以，不同投资人的权益在性质上是相同的，其差别则主要取决于其投资额的大小。所以，每一个投资人实际上都是该公司的老板。

如果企业在经营中实现了利润，所有者权益就将随之增长；如果发生了亏损，则所有者权益将随之缩减。从这个意义上讲，企业的投资者对企业的经营活动承担着最终的风险，当然，他们同时享有最终的利益。

2. 资产负债表分析要点

老板要读懂资产负债表其实很容易，资产负债表的左侧表示的都是资金的去处，右侧则表示资金的来源。

通过负债和所有者权益项目金额的对比，期末与期初的对比，基本可以判断企业的财务风险高低及其变化趋势；资产负债表左侧，是企业资产的分布，通过流动资产与长期资产项目金额的对比，期末与期初的对比，基本可以判断企业的经营风险高低及其变化趋势。

所以，拿到资产负债表后，一看资金来源，二看资产分布，三进行前后期对比分析，即可判断企业财务风险与经营风险高低、资产资本结构是否合理。

另外，资产负债表可以用来进行下列经营状况的分析：

第一，流动资产分析。分析公司的现金、各种存款、短期投资、各种应收应付款项、存货等。流动资产比往年增加，说明公司的支付能力与变现能力增强。

第二，长期投资分析。分析 1 年期以上的投资，包括企业内部经营性固定资产的投资和超过 1 年的企业对外投资。长期投资增加，说明企业现金流良好，加大长期投资能为企业带来较好的发展预期，但同时也会造成企业短期资金压力的增加。

第三，无形资产分析。主要分析商标权、著作权、土地使用权、非专利技术、商誉、专利权等。商誉及其他无确指的无形资产一般不予列账，除非商誉是购入或合并时形成的。取得无形资产后，应登记入账并在规定期限内摊销完毕。

第四，流动负债分析。各项流动负债应按实际发生额记账，分析的关键在于要避免遗漏，所有的负债均在资产负债表中反映出来。

第五，长期负债分析。包括长期借款、应付债券、长期应付款项等。由于长期负债的形态不同，因此，应注意分析、了解公司债权人的情况。

老板如何读懂利润表

利润表也称收益表、损益表，它是总括反映企业在某一会计期间（如年度、季度、月度）内经营及其分配（或弥补）情况的一种会计报表。

老板和投资人都喜欢看利润表，看利润表要重点关注营业利润，因为营业利润是一家公司的核心利润，是企业持续竞争力的体现。

利润表示例如表 7－2 所示。

表 7－2　利润表（示例）

编制单位：　　　　　　　　　　______年____月____日　　　　　　　　　　单位：元

项目	本期金额	上期金额
一、主营业务收入		
减：主营业务成本		
主营业务税金及附加		
二、主营业务利润		
加：其他业务利润		
减：营业费用		
管理费用		
财务费用		
三、营业利润		
加：投资收益		
补贴收入		

（续表）

项目	本期金额	上期金额
营业外收入		
减：营业外支出		
加：以前年度损益调整		
四、利润总额（亏损总额以“－”号填列）		
减：所得税费用		
五、净利润（净亏损以“－”号填列）		

1．熟悉利润表各会计科目

面对一张报表和一堆会计科目，无财务背景的老板往往不知道该从何处着眼，要想读懂利润表，首先要熟悉每一项目的内容。

（1）主营业务收入。

主营业务收入是指企业经营性经济业务产生的收入。通俗地说，是指企业由主要经营活动产生的收入，这些收入的特点是经常、反复地产生。如自购自销商品的销售收入，进出口业务销售收入，接受其他单位委托代销商品的销售收入，以及代购代销的手续费收入等。

（2）主营业务成本。

主营业务成本是指与主营业务收入相对应的企业因销售商品、提供劳务或让渡资产使用权等日常活动而发生的实际成本。成本中包括直接材料费用、直接工资、制造费用等。制造费用是指一些不能直接计入具体产品成本的间接费用，例如折旧费、动力费、修理费、车间管理人员工资等。制造费用是通过一定的分配方法，分配到产品成本中去的。可见主营业务成本是指企业投入生产过程中的原材料、制造产成品所需要的全部支出。

（3）主营业务税金及附加。

主营业务税金及附加是指企业日常活动应负担的税金及附加，包括增值税、消费税、城市维护建设税、资源税、土地税和教育费附加等。

（4）主营业务利润。

通过前面的介绍，我们可以确定主营业务利润的计算公式如下：

主营业务利润＝主营业务收入－主营业务成本－主营业务税金及附加

（5）其他业务利润。

其他业务利润是指企业除销售产品和提供应税劳务等主营业务之外的其他业务收入扣除其他业务成本、费用、税金后的利润，其计算公式如下：

其他业务利润＝其他业务收入－其他业务支出－流转税及附加税费

如工业企业材料销售的收入、出租包装物的租金收入、运输业务的收入等，均属于其他业务收入。

（6）营业费用。

营业费用是指企业在销售过程中，所发生的各项销售费用，例如销售人员的工资、办公费、广告费、运输费、差旅费以及业务招待费等。

（7）管理费用。

管理费用是指企业为组织和管理生产经营活动所发生的各项费用支出，如行政管理部门职工工资和福利费、工会经费、职工教育经费、劳动保险费和坏账损失等。

（8）财务费用。

财务费用是指企业为筹集生产经营所需的资金而发生的费用，包括利息支出、利息收入、汇兑损失、汇兑收益以及相关的手续费。在利润表上，“财务费用”项目所反映的是利息收入、利息支出以及汇兑损失、汇兑收益等的净额，因而其数额可能是正数，也可能是负数。如果是正数，表明为利息、融资净支出；如果为负数，则表明为利息、融资净收入。

营业费用、管理费用和财务费用都属于期间费用。期间费用的概念在前面已经提到过，这些费用容易确定其发生期间和归属期间，但很难判断其归属对象，因而在发生的当期应计入损益中。

（9）营业利润。

营业利润是指企业的“主营业务利润”，加上“其他业务利润”，减去“期间费用”后的余额。其计算公式如下：

营业利润 = 主营业务利润 + 其他业务利润 - 营业费用 - 管理费用 - 财务费用

（10）投资收益。

这里的投资收益应表述成净收益，它是投资收益减投资损失的净额。投资收益与投资损失，分别指企业对外投资所取得的收益与发生的损失。投资收益包括对外投资分得的利润、股利和债券利息，投资到期收回或者中途转让取得款项高于账面价值的差额，以及按照权益法核算的股权投资在被投资单位增加的净资产中所拥有的数额等。投资损失包括对外投资到期收回或者中途转让取得款项低于账面价值的差额，以及依法核算的股权投资在接受投资单位减少的资产中所分担的数额等。

（11）补贴收入。

补贴收入是指企业按规定应收的政策性亏损补贴和其他补贴。

（12）营业外收入与支出。

营业外收入是指企业发生的与生产经营无直接关系的各项收入，包括固定资产盘盈、处理固定资产净收益、罚款收入、确实无法支付而应转作营业外收入的应付款项、教育费附加返还款等。

营业外支出是指企业发生的与企业生产经营无直接关系的各项支出，包括固定资产盘亏、固定资产报废、处置固定资产净损失、罚款支出、赔偿金、违约金、捐赠支出、非常损失、非正常停工损失等。其中，固定资产盘亏是指按照固定资产原值扣除累计折旧、过失人及保险公司赔款后的差额；固定资产报废是指清理报废残值的折现收入减去清理费用后与账面净值的差额；非常损失是指由自然灾害造成的各项资产损失扣除保险赔偿金及残值，以及由此造成的停工损失和善后清理费用。

（13）以前年度损益调整。

以前年度损益调整项目反映的是企业会计年度发现的以前年度的会计事项，涉及损益且需要进行调整的数额。企业在本期发现的前期会计报表中的差错，可以归结为两类：一类为不影响损失计算、不涉及补交或退还所得税的调整；另一类为尚未影响损益的调整，需要在发现时调整损益，补交或退还所得税。对于前一类问题，发现后按有关法规要求进行调整即可，不影响损益的报表；而对于后一类问题，必须在调整以后的利润表中加以反映。此时，需将调整后影响当期损益的数额单列一个项目，在当期的利润表中加以揭示。

（14）利润总额。

企业利润总额按照下列公式计算：

利润总额 = 营业利润 + 投资收益 + 补贴收入 + 营业外收入 – 营业外支出

（15）所得税费用。

所得税是指企业在会计期间内发生的利润总额，经调整后按照国家税法规定的比率，计算缴纳的税款。所得税的性质属于企业的费用。

（16）净利润。

企业净利润按照以下公式计算：

净利润 = 利润总额 – 企业所得税

2. 利润表各项目之间的关系

利润表中上下项目之间存在计算程序上的承接关系。阅读利润表应该按照从上至下的顺序进行。利润表是反映企业经营成果的报表。投资人看报表，不仅要了解企业过去的情况，更多的是要根据过去预测未来。解释财务报表的方法很多，最简单、直观的方法是看绝对金额，即某期报表的各个指标，并根据指标本身的含义来评价企业过去的情况。就利润表而言，从每一张表中，我们可直接获取如下信息：主营业务利润、其他业务利润、营业利润、投资收益、营业外收入、营业外支出、利润总额、企业所得税、净利润等。它们之间的关系整理如下：

（1）净利润 = 利润总额 – 企业所得税。

（2）利润总额 = 营业利润 + 投资收益 + 补贴收入 + 营业外收入 – 营业外支出。

（3）营业利润 = 主营业务利润 + 其他业务利润 – 营业费用 – 管理费用 – 财务费用。

（4）主营业务利润 = 主营业务收入 – 主营业务成本 – 主营业务税金及

附加。

3. 利润表分析要点

对利润表进行分析，可从两方面入手：

第一，收入项目分析。公司通过销售产品、提供劳务取得各项营业收入，也可以将资源提供给他人使用，获得租金与利息等营业外收入。收入的增加，意味着公司资产的增加或负债的减少。

第二，费用项目分析。费用是收入的扣除项，费用的确认、扣除正确与否直接关系到公司的盈利多少。所以分析费用项目时，首先应注意费用包含的内容是否合理，确认费用应贯彻权责发生制原则、历史成本原则、划分收益性支出与资本性支出的原则等。其次，要对成本费用的结构与变动趋势进行分析，分析各项费用占营业收入的百分比，分析费用结构是否合理，对不合理的费用要查明原因。同时，对费用的各个项目进行分析，看各个项目的增减变动趋势，以此判定公司的管理水平和财务状况，预测公司的发展前景。

老板如何读懂现金流量表

公司赚了钱但收不到钱是令每个老板寝食难安的事情。从这个意义上来讲，老板对现金流量表的关注程度应该丝毫不亚于利润表，关注现金流量表，也就是关注企业的生存能力和对潜在机会的把握能力。

现金流量表可以提供企业现金流量的信息，投资者和债权人可以从中评估企业未来获取现金的能力，从而对企业的整体财务状况做出客观的评价。现金流量表的编制基础是现金和现金等价物。现金流量表主要说明企业的现金从哪里来，又用到哪里去。通过分析现金流量表，可以估量企业生成现金和现金等价物的能力，评估企业的偿债能力、支付股利的能力等。

企业间的竞争日趋激烈，企业在经营时奉行“现金为上”的原则，不仅要想方设法将产品销售出去，更重要的是需要及时收回销货款，只有这样经营活动才能顺利开展。同样，企业所从事的投资活动和筹资活动也是以现金流量为其根本的。如果企业投资了一大笔资金，而没有取得相应的现金回报，就会对企业的现金流量产生明显的不利影响，进而对企业的财务状况产生不良影响。由此可见，从现金流量的整体状况可以判断企业经营周转是否顺畅，从而对企业整体财务状况做出客观评价。

现金流量表示例如表 7 - 3 所示。

表7－3　现金流量表（示例）

编制单位：　　　　　　　　　　＿＿＿＿年＿＿月＿＿日　　　　　　　　　　单位：元

项目	本期金额	上期金额
一、经营活动产生的现金流量		
销售商品、提供劳务收到的现金		
收到的其他与经营活动有关的现金		
收到的税费返还		
现金流入小计		
购买商品、接受劳务支付的现金		
支付给员工以及为员工支付的现金		
支付的各项税费		
支付其他与经营活动有关的现金		
经营活动现金流出小计		
经营活动产生的现金流量净额		
二、投资活动产生的现金流量		
收回投资收到的现金		
取得投资收益收到的现金		
收到其他与投资活动有关的现金		
投资活动现金流入小计		
投资支付的现金		
购建固定资产、无形资产和其他长期资产支付的现金		
支付其他与投资活动有关的现金		
投资活动现金流出小计		
投资活动产生的现金流量净额		
三、筹资活动产生的现金流量		

（续表）

项目	本期金额	上期金额
吸引投资收到的现金		
借款收到的现金		
收到其他与筹资活动有关的现金		
筹资活动现金流入小计		
偿还债务支付的现金		
分配股利、利润或偿付利息支付的现金		
支付其他与筹资活动有关的现金		
筹资活动现金流出小计		
筹资活动产生的现金流量净额		
四、汇率变动对现金及现金等价物的影响		
五、现金及现金等价物净增加额		
加：期初现金及现金等价物余额		
六、期末现金及现金等价物余额		

如表7－3所示，现金流量表包括六项，即经营活动产生的现金流量、投资活动产生的现金流量、筹资活动产生的现金流量、汇率变动对现金及现金等价物的影响、现金及现金等价物净增加额和期末现金及现金等价物余额。

在现金流量表的前三类现金流量中，经营活动产生的现金流量最为重要。经营活动产生的现金流量，反映公司自身获得现金的能力，是公司获得持续资金的主要途径。它决定着公司是否不通过配股及借债等筹资手段，就有能力偿还债务、扩大经营规模和发放股利等。所以，经营活动产生的现金流量净额反映了公司的盈余背后是否有充足的现金流入。一般情况下，公司的经营现金流入多，说明企业的销售畅通，资金周转快。

对现金流量表可着重从三个方面进行分析：

第一，现金净流量与短期偿债能力的变化。如果本期现金净流量增加，表明公司短期偿债能力增强，财务状况得到改善；反之，则表明公司财务状况比较糟糕。但是如果公司的现金净流量过大，表明公司未能有效利用这部分资金，这其实是一种资源浪费。

第二，现金流量的结构与公司的长期稳定。经营活动是公司的主营业务，这种活动提供的现金流量，可以不断用于投资，再生出新的现金来，来自主营业务的现金流量越多，表明公司发展的稳定性也就越强。公司的投资活动是为闲置资金寻找投资场所，筹资活动则是为经营活动筹集资金，这两种活动产生的现金流量，都是辅助性的，服务于主营业务。这部分的现金流量过大，表明公司财务缺乏稳定性。

第三，投资活动与筹资活动产生的现金流量与公司未来的发展。分析投资活动时，一定要注意分析是对内投资还是对外投资。对内投资的现金流出量增加，意味着固定资产、无形资产等增加，说明公司正在扩张，这样的公司成长性较好；如果对内投资的现金流量大幅增加，意味着公司正常的经营活动没有充分吸纳现有的资金，资金的利用效率有待提高；对外投资的现金流入量大幅增加，意味着公司现有的资金不能满足经营需要，从外部引入了资金；如果对外投资的现金流出量大幅增加，说明公司正在通过非主营业务活动来获取利润。

掌握四种基本的财务报表分析法

通过财务报表分析能全面地了解企业的经营情况，财务报表分析是投资者进行重大决策的前提，因此我们应当了解财务报表分析的基本要求。

财务报表分析是指根据财务报表所提供的信息资料，运用一系列的分析方法和指标，对企业等经济组织的财务状况、经营成果及其发展趋势进行综合性的比较与评价，为财务报表使用者进行经济决策提供依据。

从企业的实务和财务的发展来说，财务报表的基本分析方法主要有趋势分析法、比率分析法、因素分析法和差额分析法四种。

1. 趋势分析法

趋势分析法又称水平分析法，它是将两期或者连续数期财务报告中的相同指标进行对比，确定其增减变动的方向、数额和幅度，以说明企业财务状况或经营成果的变动趋势的一种方法。采用这种方法，可以分析引起变化的主要原因、变动的性质，并预测企业未来的发展前景。

趋势分析法的具体运用主要有以下两种方式：

（1）重要财务指标的比较。

重要财务指标的比较，是将不同时期财务报告中的相同指标或比率进行比较，直接观察其增减变动情况及变动幅度，考察其发展趋势，预测其发展前景。它包括定基动态比率和环比动态比率两种方式。

第一，定基动态比率，是以某一时期的数额为固定的基期数额而计算出来的动态比率。其计算公式如下：

定基动态比率 = 分析期数额 ÷ 固定基期数额

第二，环比动态比率，是以每一分析期的前期数额为基期数额而计算出来的动态比率。其计算公式如下：

环比动态比率＝分析期数额÷前期数额

（2）会计报表的比较。

会计报表的比较是将连续数期的会计报表的金额并列起来，比较其相同指标的增减变动金额和幅度，据以判断企业财务状况和经营成果发展变化趋势的一种方法。会计报表的比较具体包括资产负债表比较、利润表比较、现金流量表比较等。

2. 比率分析法

比率分析法是把某些彼此存在关联的项目加以对比，计算出比率，以确定经济活动变动程度的分析方法。采用这种方法，能够把某些条件下的不可比指标变为可比指标。比率指标主要有以下三类。

（1）构成比率。

构成比率又称结构比率。它是某项经济指标的各个组成部分与总体的比率，反映部分与总体的关系。其计算公式如下：

构成比率＝某个组成部分数额÷总体数额

利用构成比率，可以考察总体中某个部分的形成和安排是否合理，以便协调各项经济活动。

（2）效率比率。

效率比率是某项经济活动中所费与所得的比率，反映投入与产出的关系。利用效率比率指标，可以考察经营成果，评价经济效益。

（3）相关比率。

相关比率是某个项目和与其有关但又不同的项目对比所得的比率，反映有关经济活动的相互关系。利用相关比率指标，可以考察相关的业务安排得是否合理，以保障企业运营活动能够顺畅进行。

3. 因素分析法

因素分析法又称因素替换法、连环替代法，它是以若干个相互联系的因素与分析指标的关系为分析对象，从数量上确定各因素对分析指标影响程度的一种分析方法。采用这种方法的出发点在于，当有若干因素对分析对象产生影响时，假定其他各个因素都无变化，按顺序确定每一个因素单独变化所产生的影响。其计算程序如下：

第一，以基数为计算基础。

第二，按照公式中所列因素的同一顺序，逐次以各因素的实际数替换其基数。每次替换后实际数就被保留下来，有几个因素就替换几次，直至所有因素都变成实际数为止。

第三，将每次替换后所得的结果，与其相邻近的前一次计算结果作比较，两者的差额就是某一因素变动对综合经济指标变动的影响程度。

第四，计算各因素变动影响数额的代数和，以验证替代结果的正确性。

因素分析法既可以全面分析各因素对某一经济指标的影响，又可以单独分析某个因素对某一经济指标的影响，在财务分析中应用颇为广泛。但在应用这一方法时，必须注意因素分解的关联性、因素替代的顺序性、顺序替代的连环性以及计算结果的假定性。

4. 差额分析法

差额分析法也称绝对分析法，指对数字之间的差额大小予以分析。它通过分析财务报表中有关科目的绝对数值的大小，判断报表公司的财务状况和经营成果，在财务分析中，主要是分析下列数值的大小：

（1）净值（净值 = 账面价值 = 股东权益 = 资本 = 总资本 − 总负债）。

（2）营运资金（营运资金 = 流动资产 − 流动负债 = 长期负债 + 资本 − 固定资产）。

（3）速动资产［速动资产 = 流动资产 − （存货 + 预付费用） = 现金 + 银行存款 + 应收账款 + 应收票据 + 有价证券］。

（4）发放股利［发放股利 = （本年净收益 + 累积盈余） − （留存收益 + 已拨用的留存收益）］。

（5）普通股股利（普通股股利 = 发放股利 − 优先股股利）。

（6）销售毛利（销售毛利 = 销售收入 - 销售成本）。

（7）营业纯利［营业纯利 = 销售毛利 - 营业费用 = 销售收入 - （销售成本 + 营业费用）］。

（8）税前盈利（税前盈利 = 营业纯利 + 营业外收入 - 营业外支出）。

（9）税后盈利（税后盈利 = 税前盈利 - 所得税 = 本年净收益）。

通过对上述数值的差额分析，老板可以对公司财务状况和经营成果有初步认识。例如，营运资金又叫运转资金，是公司日常循环的资金，表示公司在短期内可运用的流动性资源的净额，即 1 年内可变现的流动资产减去即将到期的流动负债的差额。

营运资金的多少，不仅关系到公司经营活动能否正常运行，也与短期偿债能力相关。

又如，速动资产是几乎可以立即转换为现金，马上用于偿还流动负债的流动资产，包括现金、银行存款、应收票据、应收有价证券等，而商品存货和预付费用不易转换为现金，流动性较差，不属于速动资产。显然，速动资产的大小，关系到公司短期清算能力的强弱。

差额分析法仅仅是财务报表分析方法中的一种，它无法确定求出的数值大或小到什么程度，也无法说明该数值以多大或多小为好。而许多数值如营运资金和速动资产，并不是越大越好。所以，还应结合其他财务报表分析方法，否则，就达不到财务报表分析的完整目的。

如何通过财务报表发现公司的问题

借助财务报表，不仅可以直观地看到企业日常经营的各种数据，而且通过进一步的分析和解读，还能够发现企业经营中存在的各种潜在问题，进而及时做出应对措施。

1. 通过资产负债表可以发现的问题

通过资产负债表可以判断企业的财务实力、偿债能力及支付能力；通过资产和负债的比例结构还可以监控企业的财务状况，便于发现各种问题，比如负债是否合理，应收账款是否过多，固定资产是否出现闲置等。

案例

某家具厂到了年终总结的时候，财务经理将各种报表送到了总经理办公室，并表示公司的财务状况非常好。

总经理翻看报表后，却发现了问题，原来反映在资产负债表中的企业负债和资产结构表面上看没有问题，但在资产一栏中，却存在过多的应收货款，而且都集中在一家代理商。总经理马上警惕起来，如果这家代理商出现资金问题，那么必然会让自己受到牵连。

总经理当即让销售部联系该代理商，发现果然是对方的资金链出了问题，该代理商近期现金流不畅，短期内无法偿还这笔货款。幸好该家具厂的总经理颇具财务思维和应急观念，且为预防销售回款上的突发事件而早有准备，这才没让企业的现金流出现大问题。

借助资产负债表，我们还可以将相关信息换算成几个有用的比率，对企业财务状况做进一步的分析，以便发现企业经营中潜藏的问题。

（1）将全部负债与资产总额进行比较，计算企业资产负债率。

企业资产负债率反映在企业的总资产中有多大比例是通过负债形成的，也可以衡量企业在清算时对债权人利益的保障程度。从不同的角度看资产负债率能得出不同的结论。站在企业经营者角度，通常认为资产负债率为50%时资金结构比较合理。当资金缺乏，需多举债时，要根据资产负债率来决策，此情况下应充分预计利润和可能增加的风险，权衡利弊。而站在债权人角度，则希望资产负债率越低越好，企业偿债有保证，贷款不会有太大的风险。作为股东或投资者，由于企业通过举债筹措的资金与股东提供的资金在经营中发挥同样的作用，所以，若资本利润率高于借款利率，则资产负债率越大越好。此时，股东或投资者分得的利润会增加，并且可以在付出有限投入的条件下，仍然拥有对企业不小的控制权。

（2）将企业所有者权益总额与资产总额进行比较，计算所有者权益比率。

所有者权益比率反映企业总资产中自有资金的比例。这个比率与资产负债率之和为1，即所有者权益比率越高，资产负债率越低。一般认为，这个比率较高时，企业财务结构稳定，但过高时，反映企业经营过于保守，不善于负债经营；这个比率较低时，企业财务结构不稳定，借款过多，经营风险过大。

（3）将负债总额与所有者权益总额进行比较，计算产权比率，可以衡量企业的长期偿债能力。

产权比率指标可以反映由债权人提供的资金与所有者提供的资金的相对关系，反映企业财务结构是否稳定。产权比率高，则财务结构是高风险、高报酬的；产权比率低，则财务结构是低风险、低报酬的。这项指标也反映债权人投入的资金受所有者权益的保障程度。由于在企业破产清算时，按国家规定债权人的索偿权在投资者前面，所以，如果产权比率过高，则企业在破产清算时，债权人的利益就缺乏有力保障。

2. 通过利润表可以发现的问题

通过盘点利润表，老板可掌握企业盈利能力方面的信息，可以了解和评估企业的经济效益、获利能力和偿债能力，并可对企业未来的发展做出预测。盘点利润表也能够帮助企业管理人员发现企业生产、经营活动中存在的问题，找出原因并做出正确的决策。

一般来说，利润表有以下几个方面的重要作用：

（1）通过利润表，可以衡量企业本年度的经营结果。

在相同的经营环境下，利润的高低，说明企业经营管理的好坏。利润表是衡量企业管理者经营管理业绩的主要工具。

（2）通过观察企业利润的构成，可以评估企业的经营风险。

企业利润主要来源于营业利润，其中主营业务利润最为关键；对外投资风险较大，其收益的稳定性相对较弱；而营业外收入是企业偶然的利得，时有时无，显然不能依靠它来增加企业的利润。所以，在分析利润表时，一定不能只看到利润总额而忽视利润的构成，否则，就容易被表面的现象所迷惑。

通过分析利润表所提供的财务信息，如主营业务利润占总利润的比例、主营业务的变化趋势、销售利润率与总利润变动之间的关系等，可以判断企业的获利能力及发展趋势，可以评价管理者的努力程度。例如，主营业务利润不断降低可能表明企业盈利前景黯淡，销售额大幅度增加可能说明企业营销有成效等。当然，做具体判断时，还需联系资产负债表变动情况。

（3）通过利润表，可以判断企业是否依法纳税。

根据利润表提供的各项收益来源，结合有关资料可以判断企业的纳税情况，特别是所得税可直接从利润表上看出来。

3. 通过现金流量表可以发现的问题

现金流量表可以帮助老板了解企业现金的流入、流出和结余情况，评价企业当前及未来的偿债能力和支付能力，科学预测企业未来的财务状况，从而为其科学决策提供有效的依据。

企业现金的来源主要有三个方面：经营活动、投资活动和筹资活动，查阅现金流量表时，要特别注意企业现金流的结构是否合理。

案例

某科技公司盈利状况良好，但是财务经理却高兴不起来，因为该公司的利润大多来自筹资收入和投资收入，而公司主营业务收入则处于亏损状态，公司主要股东们对此则不太在乎，在他们看来只要公司赚钱就行，至于是从什么渠道赚来的钱并不重要，而且公司能融资，恰恰说明公司有价值。

这种经营观念不可取，公司短期内或许能靠融资收入维系运转，但如果股东的心思和工作重心不在公司主营业务上，而过度依赖资本运作，那终归是像无本之木、无源之水，难以持久。一旦公司无法从资本市场上获得收入，那将很可能是公司大厦倾倒之时。

因此，要特别注意现金流量表中的现金流结构，通常，企业的经营、投资和筹资三类活动是相互支持和配合的，彼此之间支持能力的强弱，可以依据这三类活动产生的现金净流量的不同组合予以判断，并及时纠正其中出现的偏差，解决其中出现的问题。

第一种组合：经营活动现金净流量为负数，投资和筹资活动现金净流量均为正数。这反映企业经营活动的现金自我适应能力差，不得不依靠变现长期资产、收回投资、实现投资收益、对外举债等途径弥补经营资金缺口。

第二种组合：经营和筹资活动现金净流量为负数，投资活动现金净流量为正数。这反映企业当期实施了投资和经营收缩的政策，说明或者是企业内部的经营出现困难，不得不依靠处理固定资产来维持经营和偿还债务，或者是对外投资出现了问题等。不管出于何种原因，企业收缩投资将意味着投资活动的现金流入量增加。

第三种组合：经营和筹资活动现金净流量为正数，投资活动现金净流量为负数。这反映企业实施了投资扩张的政策，这是企业获利和获得新的投资、发展机会的证明，但要与投资效益结合起来考察。

第四种组合：经营和投资活动现金净流量为负数，筹资活动现金净流量为正数。这反映企业吸收资本或举债的步伐加快。联系投资的现金净流量，如果投资现金净流出是非常明显的，则意味着企业加快了投资和经营扩张的步伐，这可能意味着企业有了扩大获利的机会；联系经营活动的现金净流量，如果经营活动的现金净流出明显的话，则说明吸收资本或举债的资金部分地补充了经营上的资金短缺，同时也反映企业的经营在现金方面出了问题。

此外，还要特别注意现金流入和流出的比例是否正常，是否符合财务安全比例。正常情况下现金流出的各期变化幅度通常不会太大，如出现较大变动，则需要引起注意。

［工具］企业经济效益十大评价指标

企业经济效益十大评价指标如表7－4所示。

表7－4　企业经济效益十大评价指标

指标		计算方法	用途说明
获利能力指标	销售利润率	利润总额除以产品销售收入净额	衡量企业营收的获利水平
	总资产报酬率	息税前利润总额除以平均资产总额	衡量企业运用全部资产的息税前获利能力
	资本收益率	净利润除以实收资本	衡量企业运用投入者投入的资本获取净利的能力
	资本保值增值率	期末所有者权益总额除以期初所有者权益总额	衡量企业投资者拥有企业主权资本的完整性、保全性和增值性
偿债能力指标	资产负债率	负债总额除以资产总额	衡量企业负债水平高低和承担财务风险的能力
	流动比率（速动比率）	流动资产（速动资产）除以流动负债	衡量企业偿付到期债务的能力
营运能力指标	应收账款周转率	赊销净额除以平均应收账款余额	衡量应收账款周转速度的加快或者减慢
	存货周转率	产品销售成本除以平均存货成本	衡量存货资产周转速度的加快或者减慢

（续表）

指标		计算方法	用途说明
社会贡献指标	社会贡献率	企业社会贡献总额除以资产平均占用总额	衡量企业运用全部资产为国家或者社会创造或支付价值的能力
	社会积累率	上缴国家财政总额除以企业社会贡献总额	衡量企业社会贡献总额中上缴国家财政的比率

第八章

内部系统管控：设计全方位的内部财税控制机制

有格局的老板应具备财务战略思维，设计适合企业的财务战略，在财务战略指导下打造企业的财务控制系统和税务控制系统，设计财税管控流程，借助流程来管控财税，并致力于打通财务部门和业务部门的配合通道，实现“业财融合”。

设计企业的财务战略

财务战略（financial strategy），指在企业资金资源有限的前提下，谋求企业资金的合理均衡流动和资源的高效配置，是对企业资金资源的一种全局性、长期性和战略性的谋划，用来增强企业的财务竞争力和企业竞争力。

有追求的企业和有格局的企业家，都应具备财务管理上的战略思维，精心设计企业的财务战略。

1．财务管理与财务战略

财务战略基于财务管理，但二者又有所不同，它们之间的关系有些类似小财务和大财务，表现在三个方面：

第一，着眼点不同。财务管理着眼于当下和未来较短的一个财务运行周期。而财务战略则着眼于未来和长期的财务目标，以企业的筹资、投资及收益的分配为工作对象，规划了企业未来一个较长时期（3～5年，甚至更长）财务活动的发展方向、目标以及实现目标的基本途径和策略，它是企业日常财务管理活动的行动纲领和指南。

第二，职责范围不同。财务战略基本包含财务管理的职能，如筹资职能、投资职能、分配职能、监督职能等，此外，还要全面参与企业战略的制定与实施过程，进行分析、检查、评估与修正，对企业整体发展具有战略意义和指导意义。

第三，逻辑基础不同。财务管理是建立在企业历史财务数据基础之上的，而财务战略则要充分分析企业的财务状况、经济环境、企业战略，通过收集不同环境、不同信息的变化过程和规律来预测财务战略未来的状况。

通过分析企业自身的财务能力，根据企业整体战略要求来编制具体的战略方案，围绕企业战略目标来规划战略性财务活动。

2. 财务战略制定者、参与者

财务战略的制定需要企业决策层人员、财务部人员、管理层人员共同参与，三类人员充分沟通后进行设计，可以避免财务战略和业务环节脱节与对立而导致的财务战略无法落地。

案例

早期，通用电气公司的财务战略规划是由公司的首席执行官与财务部、规划部门共同设计制定，再交由经营部门去落实。该模式持续一段时间之后，财务部和规划部门的话语权越来越大，而企业经营部门管理层在财务战略制定中却出现了缺位，渐渐地，二者之间就出现了脱节与对立，发展到后来，企业经营部门开始有意无意抵触财务战略，导致财务战略规划只是停留在纸面上，被束之高阁，无法执行。

为了化解这种矛盾，通用电气公司开始推行财务战略制定环节的变革，将经营部门管理层纳入了战略规划和设计小组，原本的规划部门也被拆散，改由公司旗下10余个经营单位的总裁来负责财务规划工作；而由24位高级经理所组成的企业执行委员会，也经常研讨各种业务和财务上的战略规划，此外，企业内不同年龄层的一线经理和核心员工也被邀请加入企业财务战略规划的过程。

通用电气公司的财务战略规划由原来的自上而下模式转变为全员各层面充分参与的自上而下和自下而上相结合的模式，不仅提升了战略的合理性，也大大减轻了战略落地时的阻力。

3. 财务战略的制定应考虑的因素

财务战略的制定是一项系统工程，要充分考虑企业现状和各种内外部经营环境因素。

（1）顺应经济周期。

企业财务战略要充分考虑并顺应经济周期。

第一，扩张型财务战略。当社会经济处于复苏阶段，建议企业选择扩张型财务战略，它以实现公司资产规模的扩张为目的，紧紧抓住经济复苏的机会，扩大对内和对外投资规模，企业现金流出量不断增多，资产报酬率下降，企业负债增加。新的产品扩张，可能会给公司未来带来新的利润增长点和现金净流量，但如果决策失误，也可能导致公司财务状况恶化，甚至带来更严重的后果。

第二，稳健型财务战略。当社会经济处于一个繁荣发展阶段的后期时，企业应采取稳健型财务战略，它是以实现公司财务业绩稳定增长和资产规模平稳扩张为目的的一种财务战略，可以充分利用现有资源，对外集中竞争优势，兼有战略防御和战略进攻的双重特点，通常是一种过渡性战略。

第三，防御型财务战略。这是在社会经济运行低谷期，企业所采取的财务战略。这时要考虑企业的实际情况，如果企业受经济低谷的冲击和影响较大，则应执行防御型财务战略，它以预防出现财务危机和求得生存及新的发展空间为目的。企业坚持保守的财务政策，可以使财务风险降到最低水平。企业在经营过程中，应做好项目可行性分析，实事求是，严格把关，不为追求短期的经济利益而牺牲长期利益。尤其要做好现金流的管理，做好足够的现金储备。

（2）适应企业发展的生命周期。

企业按照其发展的规律，通常有初创期、成长期、稳定期和衰退期四个阶段。制定财务战略时，应充分结合企业发展的生命周期。

在初创期，企业财务主要表现为资金短缺，市场空间小，产品缺乏竞争力，此时重点应放在如何筹措资金和增加收入上。

在成长期和稳定期，企业资金较为充裕，企业规模得到壮大，竞争力得到增强，此时应考虑通过追加投资、扩大生产规模来进一步提高收入和市场占有率。同时，可以适当采取并购的方式，实现快速扩张的扩张型财务战略。

在衰退期，企业市场萎缩，销售收入、利润率大幅下滑，流动性不足，此时应考虑通过重组、改制或寻找新的市场机会来实现企业的蜕变和重生，适合采取防御型财务战略。

（3）符合企业战略定位。

财务战略的制定应以企业战略定位为基准，并与企业战略相互交融、支持。财务战略关注企业资金资源的投放与筹集，而企业战略则关注企业竞争优势的建立与维持。财务战略本身就是企业战略的一环，需要在企业战略的框架内实施。

完善财务控制流程

财务控制的目的是确保企业的目标得以实现，以及为实现该目标所制定的财务计划得以实现。需要注意的是，财务控制同内部控制一样，都是以流程作为载体的，这个流程越长，财务控制工作就会越详细也越严谨，但是流程长的话耗时也多，这就使得财务控制的效率下降，会增加企业的成本。

因此，在设计财务控制机制时，要充分兼顾效率和效果，在确保管控效果的前提下，尽量减少财务控制流程和控制节点，避免企业运营效率受到过多影响。

1. 企业财务内部控制机制的构成

一个完善的企业财务内部控制机制，应该包括以下几个组成部分。

（1）主体。

主体包括两个部分：企业财务内部控制系统的制定者和参与者。

第一，制定者。董事会要对财务战略、规划的制定与合规性负责，要确保财务战略制定的多方参与，包括企业决策层、管理层、财务部及其他相关部门的相关人员。

第二，参与者。公司要有一批专业能力过硬的财务管理专业人才，有条件的公司可以设立专门的财务控制主管或财务控制专员（相关人员岗位职责见表8－1、表8－2），全面、系统、持续地收集内部和外部相关信息，查找企业经营活动及业务流程中的财务风险，分析风险发生的可能性、影响程度，为选择风险控制策略奠定基础。同时，财务团队不仅要制定日常财务风险管理的制度、流程，定期监督，反馈改进情况，还要参与企业重要经营决策，对可能存在的重大财务问题要有专业敏感和判断。尤其是集团性公司的财务管理团队，应对整个集团财务风险控制负责，对各子公司、分支机构的财务风险控制采取实时监控，发现问题及时响应。

表 8－1 财务控制主管岗位职责

岗位名称	财务控制主管	**隶属部门**	财务部
上　　级	财务经理	**编　　号**	
胜任资格	（1）财会类或相关专业，本科及以上学历。 （2）3 年以上大中型企业财务管理工作经验，有规范的合并报表、资金管理经验。 （3）具有丰富的财务专业技能、财务控制及财务管理经验。 （4）熟悉财务软件、办公软件的应用与维护。 （5）善于进行数据的归集分析及图示说明，具备一流的分析和判断能力。 （6）能够撰写复杂的分析报告。 （7）有出色的协调沟通能力，责任心强，具有团队合作精神。 （8）持有会计上岗证、注册会计师证，或相关证书。 （9）语言表达精练，逻辑性强，能够很好地运用口头语言和书面语言组织所需表达的信息		
岗位职责	（1）协助制定企业财务战略规划和企业战略规划。 （2）利用自身的财务核算与财务控制方面的专业知识、经验，为企业经营决策提供依据。 （3）定期对企业内部交易进行核对，发现问题并予以妥善处理。 （4）按时编制合并会计报表，调整考核口径管理报表，及时为上级领导提供正确有效的经营月报。 （5）每月负责审核企业的财务分析，编制合并财务分析报告。 （6）对企业的经营成本进行全面分析与控制，比较成本控制差异，为企业的经营目标和战略目标实现提供建议。		

（续表）

岗位职责	（7）指导各部门、单位建立信用资金管理制度和分析模板，为企业统筹资金提供及时、准确的信息。 （8）负责企业财务软件系统的日常维护和管理。 （9）负责编制与管理企业年度财务预算，对预算执行进行日常管理。 （10）完成其他企业财务控制方面的工作

表 8－2　财务控制专员岗位职责

岗位名称	财务控制专员	隶属部门	财务部
上　　级	财务控制主管	编　　号	
胜任资格	（1）财会、管理及相关专业，大专及以上学历。 （2）2 年以上企业财务控制工作经验。 （3）有财务分析背景，助理会计师及以上职称，有注册会计师证或事务所经验及会计经验。 （4）具备较强的独立工作能力。 （5）具备出色的学习能力、沟通能力。 （6）具有团队合作意识。 （7）诚实守信，工作认真负责		
岗位职责	（1）协助财务控制主管，完成企业财务控制制度建设，并监督相关部门和人员的执行情况。 （2）分析企业财务管理效率，特别是生产成本和运营成本方面的管理效率。 （3）监控企业现金流，及时发现问题并予以妥善处理，保障企业资金流的畅通。 （4）分析企业库存及成本管理状况，提出合理化建议。		

（续表）

岗位职责	（5）负责客户应收账款管理，催促相关部门提高货款回收效率。 （6）负责企业财务信用的管理与维护，让企业保持良好的信誉。 （7）在充分理解企业项目的基础上，对项目进行跟踪并控制成本。 （8）对项目成本进行盈亏分析，并提出合理化建议和措施。 （9）完成主管交给的其他财务控制工作和临时性工作

（2）客体。

客体是指主体以外的客观事物，是主体认识和实践的对象，具体包括内控体系、制度、财务政策、财务统筹。

就控制活动要素而言，企业应建立财务日常风险控制和重大风险控制制度，前者包括会计处理、申报表编制、税款缴纳、各种账簿和资料的管理等，有健全的制度，才能实现财务风险点控制与业务、财务流程相融合；后者主要指在企业组织架构、企业经营模式、外部环境、行业惯例等发生重大变化而可能让企业面临重大财务风险时，企业能够做出专业判断，寻求对策。

（3）方法。

方法主要是指一些工作流程、决策方法、防控方法与监控方法等。

第一，工作流程。在规范和优化每项财务工作流程，明确各岗位操作的要求、时限、权限等标准的基础上，将财务内部控制工作流程由手工操作传递转变为信息化自动处理，最大限度地减少人为因素影响，从而保证财务内部控制工作的规范性、程序的严密性。同时，企业财务部要设计专门的财务内部控制流程（表8－3），严格按流程进行管控。

表 8－3　企业财务内部控制流程

名称	企业财务内部控制流程	编号	
		进度	

环节	构建控制系统	实施财务控制标准	反馈、改进
实施过程	根据企业的发展目标，财务部明确财务控制的目的 ↓ 财务部在企业总体财务规划、财务预算目标的基础上确定财务控制标准 ↓ 根据上述控制标准，制定有关制度，配备控制人员，形成完善的控制体系 →	在财务控制标准的要求下，财务部和其他部门开展财务控制相关工作 ↓ 对财务控制过程中形成的数据，控制人员要以报表或文本的形式保存 ↓ 财务控制人员将上述数据与控制标准对照，找出差异，并分析其原因 →	针对差异形成的原因，制定相应的对策 ↓ 控制人员组织实施旨在消除差异的各种措施 ↓ 财务部会同人事部，对财务控制过程中的相关当事人进行绩效考核

备注					
编制人		审核人		批准人	
编制日期		审核日期		批准日期	

第二，决策方法。应尽量采取集体决策的办法进行财务控制。如重大事项，通过召开董事会会议、管理层会议和各类工作小组会议等办法进行决策，实现决策的科学化、民主化，逐步解决“花钱一支笔，决策一言堂，权力一把抓”的顽症。

第三，防控方法。对排查出的风险点进行风险程度评估，按照风险级别从高到低的顺序排列，适时发布预警信息，及时采取有效措施，排除风险隐患。如对企业财务管理系统产生的异常数据和异常信息进行风险分析、归类和风险等级排序，并以适当的形式适时发布，及时采取应对措施，予以消除。

第四，监控方法。对工作情况进行监督检查，能够及时发现问题，堵塞漏洞，消除隐患。上级管理部门要对下属企业、单位的工作情况进行监督检查，广泛开展财务自查，各级管理人员要及时听取下级工作人员的工作汇报，监督检查下级人员特别是一线员工的工作情况，从而形成多层次、多角度、全方位的监督检查工作机制，把各种风险隐患消除在萌芽状态，从而防止风险扩大和蔓延。

（4）考核评价体系。

建立一套科学的财务内部控制建设考核评价体系，把财务内部控制建设作为企业内控体系建设责任制和领导问责的一项重要内容，将内部控制建设与目标管理考核或绩效考核紧密结合起来，通过对内部控制建设情况的考核，发现企业运行中存在的问题，逐步完善和加强对财务风险的监督。

2. 企业财务内部控制的要素

企业财务内部控制的要素应包括内控环境、风险评估、控制活动、信息和沟通、监控五个方面。

（1）内控环境，主要指企业财务风险理念、企业财务文化环境、企业领导班子的工作作风、企业对财务干部素质的要求、企业对财务人员权利和职责的划分、内部财务审计制度等。

（2）风险评估，指根据税收法律法规的要求，对财务系统内部所有运行和管理流程中存在的风险及其重要性做出评价。主要包括风险识别、风险分析、风险评价三个步骤。

（3）控制活动，是使财务风险得以应对和控制的制度和程序。风险评估后所采取的对应控制措施即控制活动。控制活动是整个财务内部控制的实质内容，控制活动的科学性、合理性直接影响财务内部控制的效果。

（4）信息和沟通，是指在财务管理中的有关信息，应保证能根据财务内部控制需要而被识别、获取和沟通，而不是被隐藏和封闭，以促使相关工作人员履行职责，达到共同控制风险的目的。

（5）监控，指企业内部的其他专职部门对整个财务内部控制机制运行流程进行的监督和评价。

完善税务控制流程

企业税务流程控制，一方面要做好税务管理流程设计，另一方面则要做好关键节点的税务控制工作，降低税务风险。

1．企业税务控制的流程

企业税务控制应该按照规范的流程进行（表8－4）。

表8－4　企业日常税务控制的流程

<table>
<tr><td colspan="2" rowspan="2">名称</td><td colspan="2" rowspan="2">企业日常税务控制的流程</td><td>编号</td><td></td></tr>
<tr><td>进度</td><td></td></tr>
<tr><td>环节</td><td colspan="2">企业财会部门</td><td>主管领导</td><td colspan="2">总经理或董事会</td></tr>
<tr><td>实施过程</td><td colspan="5">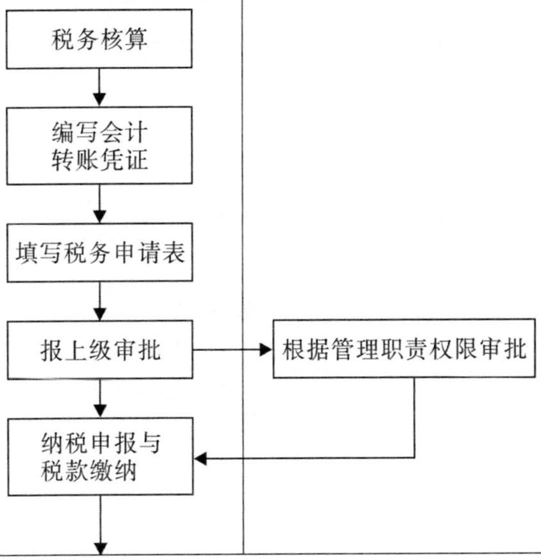
</td></tr>
</table>

（续表）

实施过程

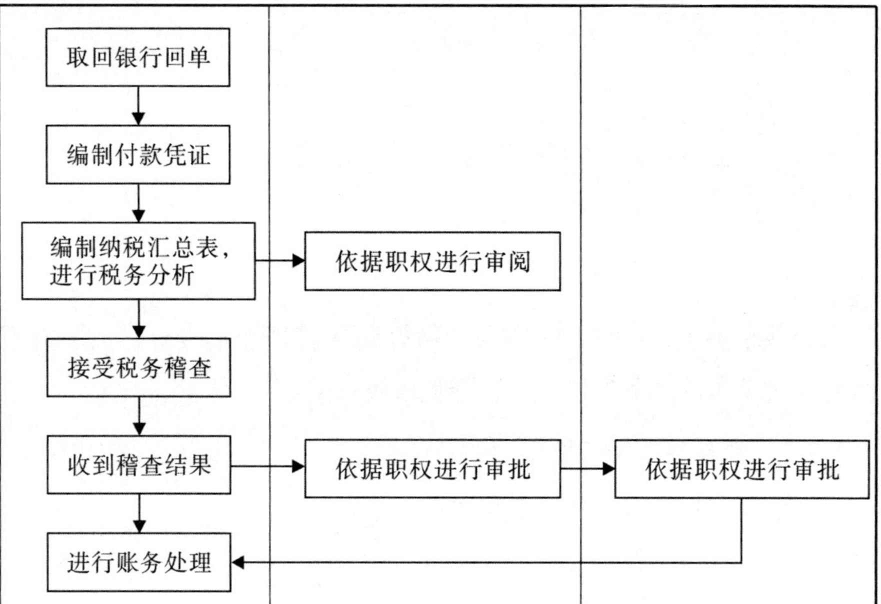

备注					
编制人		**审核人**		**批准人**	
编制日期		**审核日期**		**批准日期**	

2. 企业税务控制的关键节点

企业税务控制工作，要重点把握好以下几个关键节点（表8－5）。

表8－5　企业税务控制的关键节点

序号	关键节点	负责部门、人员	风险描述	文件凭证	检测方法
(一)	税务规划				

（续表）

序号	关键节点	负责部门、人员	风险描述	文件凭证	检测方法
1	确定税务规划方案				
	财务部应当组织专业人员进行税务规划工作，确立税务规划的目标，全面掌握税法的各项规定（尤其是各项税收优惠、税收鼓励政策）。针对企业的具体情况进行税务规划，并建立多个备选方案，通过分析对筹划备选方案进行修改，筛选最优方案，并提交财务部负责人以及分管领导审批	财务部	未进行税务规划工作，造成公司经营损失	税务规划方案	检查最终税务规划方案是否有财务部负责人和分管领导签字
2	税务规划方案的评估				
3	税务规划的实施、反馈与调整				
（二）	日常税务管理子流程				
1	税务核算				
	财务部在应纳税事项发生后，在税务机构规定的时限内，及时按计税基数和法定税率进行税务核算	财务部	税务核算不准确，导致资金损失	税务核算结果	检查税务核算结果是否准确
2	编制会计转账凭证				
	财务部根据税务核算的结果编制会计转账凭证	财务部	未编制会计转账凭证，造成凭证缺失	会计转账凭证	检查会计转账凭证是否有财务部负责人签字

（续表）

序号	关键节点	负责部门、人员	风险描述	文件凭证	检测方法
3	填写或打印纸质税务申报表				
3.1	通过网上申报的税款，企业税务会计在线填写纳税申报表，在提交给税务部门前，打印纳税申报表，由财务部负责人审核	财务部	未及时填写，导致资料缺失	纳税申报表	检查纳税申报表是否有财务部负责人签字
3.2	通过税务柜面申报的税款，税务会计书面填写纳税申报表，由财务部负责人审核	财务部	未及时填写，导致资料缺失	纳税申报表	检查纳税申报表是否经财务部负责人审核
4	按权限审批				
	企业管理层按权限对纳税申报表进行审批	管理层	审批缺失，导致监督缺位	纳税申报表	检查纳税申报表上是否有公司管理层签字
5	税务缴纳				
	税务会计根据审批后的纳税申报表，办理网上申报或柜面申报，组织资金缴纳税款	财务部	未在规定时间内缴纳税务，产生滞纳金	纳税申请表	检查是否按规定缴纳税务
6	取得银行回单				
	税务缴纳完成后，税务会计应取得纳税的银行回单，柜面申报的还应取得税务部门审核盖章的纳税申报表	财务部	未取得银行回单、纳税申报表未取得税务部门审核盖章	银行回单、纳税申报表	检查是否有银行回单，纳税申报表上是否有税务部门盖章

（续表）

序号	关键节点	负责部门、人员	风险描述	文件凭证	检测方法
7	编制付款凭证				
	财务部根据银行回单和纳税申报表编制付款凭证	财务部	未编制付款凭证，造成凭证缺失	付款凭证	检查付款凭证是否有财务部负责人签字
8	定期编制税务缴纳汇总表、税务分析				
	财务部至少每半年编制一次税务缴纳汇总表，经财务部负责人审核后，提交公司管理层。财务部根据税务部要求及企业管理要求进行税务分析	财务部	汇总表缺失，造成监督缺位	税务缴纳汇总表、税务分析报告	检查税务缴纳汇总表、税务分析报告是否有财务部负责人签字
9	审阅				
10	接受税务检查				
	企业在接到税务检查通知之后，应按照税务部所出的程序规则，首先进行税务自查，如果发现了税务的问题，要主动申报，主动更正	财务部	未进行税收检查，未及时发现问题	税务自查报告	检查是否有税务自查报告
11	收到税务检查结果				
	企业财务部收到税务部门出具的税务检查结果，应及时报企业管理层，如果涉税补缴金额在规定金额（含）以上的、有税收罚款或有纳税争议的情况，必须上报上级单位	财务部	税务检查结果未及时上报	税务检查结果	检查是否有税务检查结果

（续表）

序号	关键节点	负责部门、人员	风险描述	文件凭证	检测方法
12	按权限审批				
	企业管理层按权限对财务部提交的税务检查结果进行审批；涉税补缴金额在规定金额（含）以上的、有税收罚款或有纳税争议的情况，需提交上级单位财务部，由其进行审批	管理层	税务检查结果未进行审批	税务检查结果	检查税务检查结果是否经过适当审批
13	账务处理				
	企业财务部根据税务检查结果补缴税款及滞纳金等（如果需要），作相应账务处理	财务部	未根据税务检查结果做出账务处理	缴税发票及记账凭证（付款凭证）	检查是否有缴税发票及记账凭证（付款凭证）
（三）	发票管理子流程				
1	发票的领取				
	财务部应指定专人负责企业发票的领购。申请领购发票的经办人根据开票需求量提出购票申请，提交财务部负责人审批，连同发票领购本和已使用过的发票存根联，经主管税务机关审核后领购发票	财务部	未按照相关程序进行发票的领购	发票领购申请	检查发票领购申请是否有财务部负责人审批签字

（续表）

序号	关键节点	负责部门、人员	风险描述	文件凭证	检测方法
2	发票开具申请				
	申请开具发票的部门填写发票开具申请单，应注明申请事由、合同号（可由市场部填写）和项目名称及编号、发票类型、发票的金额、发票接收人等相关信息，经部门负责人审核通过后，提交至市场部	申请开具发票的部门	发票申请事由不充分	发票开具申请单	检查发票开具申请单上是否有部门负责人签字
3	审批、登记				
	发票开具申请单经市场部（或具有审批、登记职能的业务部门）审批、登记后，提交财务部	财务部	审批登记缺失，造成监督缺位	发票开具申请单	检查发票开具申请单上是否有市场部负责人签字
4	开具外出经营证明				
	对需要在外地开具发票的业务，由业务部门填写外出经营申请表，连同合同复印件提交至财务部；财务部据此到主管税务机关开具外出经营证明，并将外出经营证明交业务部门	财务部	外出经营证明缺失	外出经营证明	检查外出经营证明是否完备

（续表）

序号	关键节点	负责部门、人员	风险描述	文件凭证	检测方法
5	开具发票				
	财务部经办人按时限、顺序、逐栏、全部联次一次性如实开具发票，并加盖公司发票专用章或财务专用章。对需要在外地开具发票的业务，由业务部持外出经营证明等相关材料到当地税务部门开具发票，并加盖发票专用章	财务部	未开具发票	已开具的发票存根联、发票登记簿	检查已开具的发票存根联、发票登记簿
6	发票联转交客户				
	业务部经办人领取发票时在财务部发票申请表上签字，确认发票已领。将发票联转交给客户时，应要求客户签收；邮寄的，应留有邮寄凭据	业务部	发票联流转手续不完整，可能造成发票丢失	发票申请表、发票签收单	检查发票申请表上是否有业务部经办人签字；检查发票签收单上是否有客户签字
7	账务处理与外出经营证明的核销				
7.1	财务部根据发票的记账联进行账务处理，发票申请单随同发票附在会计凭证后面	财务部	未进行账务处理	会计凭证	检查会计凭证

（续表）

序号	关键节点	负责部门、人员	风险描述	文件凭证	检测方法
7.2	业务人员应该在外出经营证明上的有效期内在业务发生地将开具发票的手续办理完，并将发票及完税凭证交财务部进行账务处理。财务部将审核无误的发票记账联及完税凭证的原件、复印件及外出经营证明核销表递交税务局进行核销	财务部	未进行外出经营证明的核销	外出经营证明核销留存联	检查外出经营证明的核销是否及时
8	发票的日常管理				
8.1	财务部指定专人进行发票的登记与保管	财务部	发票保管不当	已开具的发票存根联、发票登记簿	检查已开具的发票存根联、发票登记簿是否妥善保管和存档
8.2	已开具的发票原则上不予退回。如有特殊情况，应由财务部按照退票流程进行相应处理	业务部、市场部、财务部	发票退回事由不充分	发票退回申请单	检查发票退回申请单是否经业务部负责人、市场部负责人、财务部负责人签字
8.3	发票如有丢失、被盗的，经办人应于发现丢失、被盗当日书面报告给本部门负责人，经市场部审核后报财务部，并及时采取有效措施，登报声明作废	市场部、财务部	发票丢失、被盗的风险	书面报告	检查书面报告是否经市场部负责人、财务部负责人签字

（续表）

序号	关键节点	负责部门、人员	风险描述	文件凭证	检测方法
9	发票的缴销				
	财务部在办理变更或注销税务登记的同时，应到税务部办理发票的变更或缴销手续。 任何部门或个人不得擅自损毁发票。已经开具的发票存根联和发票登记簿，应及时存档，按照税务机关的规定至少保存五年。保存期满送交税务机关查验、销毁	财务部	未按照规定进行发票的变更或撤销	发票缴销记录	检查发票缴销是否有相应记录

打通财务与业务的通道

在很多公司中，财务部门人员和业务部门人员相处得都不太好，有些甚至关系紧张。财务部门人员习惯按照会计准则和财务运行规范办事，会受到业务部门人员的抵触，业务部门人员会以种种借口不配合财务部门人员的工作。业务部门人员经常指责财务部门人员未能充分发挥其后勤保障部门的作用，不仅未能给业务部门人员正常的支持，反而常常给他们找麻烦、添乱。

企业的财务部门和业务部门是缺一不可、相辅相成的，企业业务的开展离不开财务部门的支持，财务部门有责任为业务部门提供服务和保障，财务部门也需借助业务部门去实现企业价值最大化的管理目标。

财务部门与业务部门都有各自的运行规范与操作标准，侧重的任务和职责也各不相同，但两部门都是以企业绩效为重心开展工作的，且财务部门与业务部门的最终目标是一致的，即提高企业经济效益，实现企业生存、发展、获利，实现企业价值的最大化，促进企业稳健可持续发展。只有企业发展了，企业组织内部各部门才能共同收获发展的红利，同步成长。

从整个公司层面来看，不仅需要和谐的业务、财务关系，而且要实现业务和财务的充分融合、紧密配合，打通财务部门和业务部门的通道，提高公司运行效率。

1. 加强沟通

财务部门和业务部门之间的配合不通畅或矛盾，大多是由沟通不畅引起的。

财务部门人员与业务部门人员的工作职责、工作流程以及工作标准都不一致，二者侧重的专业能力也不同，专业语言更是相距千里，这就容易导致双方沟通时产生理解上的偏差，容易出现误会和矛盾。财务部门人员若对企业业务认识不足，实施的财务管理、提供的财务信息不能契合业务部门的需要，就无法有效利用财务管理促进业务效率与质量的提升。同时，业务部门人员若无法按照财务部门的要求提供符合会计准则的专业性反馈，也会导致双方沟通上的障碍越来越多。

对于财务部门人员而言，永远是“三分业务、七分沟通”，要学会运用通俗易懂的会计语言或者业务语言去同业务部门人员沟通，用业务部门人员能够理解的语言和方式来呈现信息，多一些设身处地的换位思考，才能增进双方的信任与互通。

2. 统一标准

传统企业财务部门人员和业务部门人员不够融洽，除了沟通障碍，还有很大一部分因素来自双方工作标准上的巨大差异。

企业财务部门的工作需要严格按照相关法律法规及规章制度来开展，具有较强的规范性、严肃性与强制性。而企业业务部门则恰恰相反，由于市场是瞬息万变的，市场竞争是激烈的，业务活动的开展也需要随机应变，具有较强的灵活性，随机应变才能把握先机，捕捉住市场上的机会。

这种工作性质和标准上的差异，导致当双方的工作产生交集时，就会发生较多的矛盾与问题。

针对这一问题，如果双方都能够做出相应变通，将工作标准和配合规范往对方靠拢，尽可能统一标准，将能大大提升配合的默契度。

3. “业财”协同

企业业务活动的开展离不开财务的支持，而开展顺利的业务活动也能为企业扩大市场，降低经营成本，增加财务收入。因此，财务部门在制定财务计划及财务预算时，要及时同业务部门进行充分沟通，了解业务活动的开展对于财务的需求，以业务活动的实际需求来制定合理的财务支持方案。比如，业务部门的部分预算可交由业务部门制定，再由财务部门进行辅助指导与把关复核。

同时，财务部门还要加强对企业日常经营数据的分析，发现各种趋势和隐藏的情况，从而合理地把握业务状况，为业务活动的调整和改进提供可靠的依据，及时将同业务开展相关的财务分析数据告知业务部门，如某一段时期内的成本变动、预算超支情况等，使其能够进行有针对性的调整与改善。财务部门通过对财务数据的深入分析，明确业务部门需要改进和控制的地方，以加强双方的协同作战，共同为企业“多打粮食”。

4．财务部门引领业务部门发展

财务部门要充分发挥管理会计职能，引领业务部门发展，为企业创造更大的价值。

为此，财务部门不仅要发挥好监督和核算两大基础职能，同时还要做好控制、计划与预测、财务分析以及筹划与运作等工作。

第一，从整个控制的角度，解决企业管理的问题，加强对资金、资产、客户的管理，以及强化供应商管理、合同管理，控制好财务风险。

第二，计划与预测，使企业的各项工作有计划地开展，并做出科学的预测。

第三，财务分析，建立各种模型为企业的发展提供各种数据支持。要在公司纷纭复杂的数据中，建立财务分析的数据模型，用数据模型来指导业务部门的销售工作，供其分析从哪一方面改进管理工作。

第四，筹划与运作，做好资金筹划和税务筹划等。

以上职能如果得到充分发挥，相信财务部门的价值在企业里会有很大的提升，其对业务部门的引领效果也会逐渐凸显出来。

5．组织优化

在必要的时候，可以对财务部门的组织形式进行优化，以适应“业财融合”的需要。当前，越来越多的企业根据财务的组织形式和功能将其分为战略财务、业务财务和共享财务三大模块。

第一，战略财务。财务部门将充分参与企业的未来规划和战略决策，制定出企业层面的财务政策和财务制度。

第二，业务财务。财务部门要积极主动地介入业务部门的事先、事中和事后全过程管理，实现财务部门从原先的事后被动式反应的工作模式，转变成事先主动式积极渗透和引导的工作模式。

第三，共享财务。将分布在各业务单元的财务共性业务，通过信息化手段予以流程规范、流程优化，再进行集中实现会计信息的高效快速处理，财务部门就可以从大量、繁杂、传统的会计交易处理中解放出来，更多地参与公司战略决策和业务管理，从而实现财务部门的转型，实现“业财”的充分融合。

【工具】 企业内控常用表单

表 8－6 至表 8－10 为企业内控常用的 5 张表单。

表 8－6　财务状况控制表

编号：　　　　　　　　　　　　日期：　　　　　　　　　　　　单位：元

应收账款：		**应付账款：**	
昨日余额		昨日余额	
本日销货		本日发票付账	
本日退货折让		折让退回	
现金销货		支付票据	
货款收回		支付现金	
本日余额		本日余额	
应收票据：		**应付票据：**	
昨日余额		昨日余额	
本日收入		本日支付票据	
本日兑现		本日到期	
本日余额		本日余额	

（续表）

银行行别	昨日结存	本日存入	本日支出	本日结存	明日应付额

核准：　　　　　　　　复核：　　　　　　　　制表：

表 8－7　资金调度状况控制表

编号：　　　　　　　　　　　　　　　　　　　　　　单位：元

序号	20××年		收入					支出						存款余额	备注
	月	日	押汇收入	销售收入	应收票据	贴现贷款	收入总计	应付票据	水电费	薪资费用	利息支出	偿还贷款	支出总计		
填表人								审核人							

表8-8　应收账款监控表

编号：　　　　　　　　　　　　日期：　　　　　　　　　　　　单位：元

序号	客户名称	上月应收账款余额	本月赊销增加额	本月减项				本月底应收账款余额			备注
				回款	退回	折让	合计				
总计											
填表人				审核人							

表 8－9　成本费用控制表

编号：　　　　　　　　　　　　　日期：　　　　　　　　　　　　　单位：元

科目	本月实际	本年累计	预算		预算完成情况		备注
			本月	本年累计	本月（%）	本年累计（%）	
销售收入							
代销收入							
销售收入合计							
直接原料							
直接人工							
制造费用							
销售成本合计							
薪资							
办公用品							
公关费用							
通信费用							
差旅费用							
广告费用							
……							
费用总计							
填表人				审核人			

表 8－10　采购情况控制表

单位：　　　　　　　　　日期：　　　　　　　　　单位：元

序号	厂商名称	采购货品	本月			上月			备注
			单价	数量	金额	单价	数量	金额	
填表人					审核人				

下篇

顶层管控实战

第九章 顶层设计管控：用股权架构打通资金与财富的传承路径

企业顶层设计不仅包括企业组织形式选择、企业治理机构设计，还包括股权架构选择和股权设计。做好企业顶层设计，不仅能够更好地进行节税筹划，还能够运用科学合理的股权架构来助力企业发展，消除企业存续中的底层隐患，打通企业资金与财富的传承路径，实现企业的基业长青。

注册公司时如何考虑避税问题

注册公司时要考虑避税的问题，且不同组织形式、不同行业、不同地域的公司所背负的税率也各不相同。

投资者选择不同的企业组织形式，其投资净收益也将产生差别。不同组织形态的企业在税收方面有不同的优缺点，所以在设立企业时，很有必要在组织形态的选择上进行一番税收方面的筹划。

1. 根据所得税优惠政策选择公司形式

一般企业的所得税税率为25%，国家针对部分地域、部分行业的企业以及小微企业出台了税收优惠政策，详见表9－1。

表9－1　享有税收优惠政策的企业及所得税税率

享有税收优惠政策的企业	所得税税率
小微企业	20%
国家需要重点扶持的高新技术企业	15%
技术先进型服务企业（中国服务外包示范城市）	15%
线宽小于0.25微米的集成电路生产企业	15%
设在西部地区的鼓励类产业企业	15%
珠海横琴、福州平潭、深圳前海等地区鼓励类产业企业	15%
国家规划布局内的重点软件企业和集成电路设计企业	10%
从事污染防治的第三方企业（2019年1月1日至2021年12月31日）	15%

（续表）

享有税收优惠政策的企业	所得税税率
非居民企业在中国境内未设立机构、场所的，或者虽设立机构、场所但取得的所得与其所设机构、场所没有实际联系的，应当就其来源于中国境内的所得缴纳企业所得税	10%

根据以上税率差异，企业注册阶段可采用的税务筹划方式主要有两种。

（1）注册小微企业。

2021 年 3 月 5 日，全国“两会”《政府工作报告》指出：将小规模纳税人增值税起征点从月销售额 10 万元提高到 15 万元。对小微企业和个体工商户年应纳税所得额不到 100 万元的部分，在现行优惠政策基础上，再减半征收所得税。

（2）注册高新技术企业。

国家对高新技术企业的优惠政策如下：

第一，企业的研发费用可以按 175% 进行企业所得税的税前扣除。

第二，申请成为“高新技术企业”，可以少缴 10% 的企业所得税，按照利润的 15% 缴纳（非高新技术企业需要缴纳 25% 的企业所得税）。

案例

某高新技术企业的净利润为 300 万元，研发费用为 100 万元。

按照税收优惠政策的规定，企业可按照研发费用的 175% 进行企业所得税的税前扣除，那么，该企业就可以扣除 175 万元，只需对剩下的 125 万元按照 15% 的税率进行缴税，即高新技术企业应缴纳的所得税额为 18.75 万元。

而对于非高新技术企业来说，申请研发费用税前减免优惠的难度大，因为税务局的甄别条件比较严格，即使申请成功，也是按照 25% 进行减免，比率远远小于高新技术企业。

因此，符合条件的企业应当申请注册为高新技术企业。

2. 注册个人独资企业

个人独资企业也属于企业形式，为小规模纳税人，无须缴纳企业所得税，一般命名为××中心、××工作室、××事务所的都是个人独资企业，这一类企业只需缴纳3%的增值税、0.18%的附加税和个人生产经营所得税。个人生产经营所得税五级累进税率如表9－2所示。

表9－2 个人生产经营所得税五级累进税率

级数	全年应纳税所得额	税率/%	速算扣除数/元
1	不超过30000元的	5	0
2	30000元至90000元的部分	10	1500
3	90000元至300000元的部分	20	10500
4	300000元至500000元的部分	30	40500
5	超过500000元的部分	35	65500

由于个人独资企业不看成本和进项，唯一的纳税依据就是收入，核定征收也是先核定开票额的10%作为利润，然后根据5%～35%的超额五级累进税率计算，企业税负相对较低。

3. 设立子公司进行税务筹划

公司内部组织结构不同，其总体税负水平也会产生差异，这主要是因为子公司与分公司的税收待遇不一致。

从税法的角度看，子公司是独立纳税人，而分公司作为母公司的分支机构不具备独立纳税人资格。许多国家对外国公司的分支机构所实现的利润，在征收正常的公司所得税以外，还要开征一种“分支机构税”，即对分支机构扣除已征的公司所得税后的全部利润再征一道税，而不管其税后利润是否全部汇回给国外母公司的股息部分征收预提所得税；也有些国家只就分支机构未再投资于固定资产的利润部分征税；还有些国家只就利润的汇出部分征税。因此，对跨国投资者而言，一般在国外建立子公司比建立分公司有利。而对于国内投资者来说，情况就不一样。因为分公司不作为独立纳税人，其利润或亏损结转给总公司，由总公司统一集中纳税，这样总公司与各分公司则不享有这一纳税优待。

案例

假设某一总公司在国内拥有 A 和 B 两家分公司，某一纳税年度总公司本部实现利润 1000 万元，分公司 A 实现利润 100 万元，分公司 B 亏损 150 万元，设企业所得税税率为 25%，则该公司年度应纳税额：

（1000 + 100 - 150） × 25% = 237.5（万元）

如果把上述 A、B 两家分公司换成子公司，总体税负就不一样了。

公司本部应纳所得税额 = 1000 × 25% = 250（万元）

子公司 A 应纳所得税额 = 100 × 25% = 25（万元）

子公司 B 由于当年亏损 150 万元，该年度无须缴纳所得税。

公司整体税负 = 250 + 25 = 275（万元），高出总分公司的整体税负 37.5 万元。

如果总机构与子公司或分支机构适用税率不同，则上述情况又将发生变化。

案例

北京某外贸总公司在深圳前海和珠海横琴两地各设一家子公司，北京地区企业所得税税率为 25%，前海和横琴都为 15%。某纳税年度公司本部实现利润 1000 万元，前海和横琴两子公司各实现利润 100 万元。总公司规定，子公司税后利润 50% 汇回总公司，50% 自己留用，则：

公司本部应纳所得税额 = 1000 × 25% = 250（万元）

深圳公司应纳所得税额 = 100 × 15% = 15（万元）

珠海公司应纳所得税额 = 100 × 15% = 15（万元）

总公司分回子公司利润额 =2×（100－15）×50%＝85（万元）

分回利润应补税额＝85×（25%－15%）＝8.5（万元）

公司整体税负＝250＋15＋15＋8.5＝288.5（万元）

若将上述两家子公司变换成分公司，则：

公司整体税负＝（1000＋100＋100）×25%＝300（万元）

这样，设立子公司比设立分公司减轻投资者总体税负11.5万元，如果子公司税后利润全部汇回总公司，则总体税负与设立分公司一致。

通过上面的案例分析可以看出，设立子公司与设立分公司的节税利益孰高孰低并不是绝对的，它受国家税制、纳税人经营状况及企业内部利润分配政策等多种因素的影响，这是老板在进行企业内部组织结构选择时必须考虑的。

设计公司治理机构

公司治理机构，是出于实现公司资源有效配置的目的，由公司所有者（股东）对公司的经营管理和绩效进行监督、激励、控制和协调的一整套制度性安排。公司治理结构直接关系到公司的发展方向和业绩情况，事关股东的核心利益，至关重要。

1．有限责任公司的组织治理机构

（1）有限责任公司的股东会。

有限责任公司的股东会由全体股东组成，是公司的权力机构，有权对公司的重大事项做出决议。

（2）有限责任公司的董事会。

有限责任公司一般应设立董事会，董事会对内表示机构，对外代表公司，作为公司的经营决策和业务执行机构，可以在法律规定必须由股东会行使的职权外，决定公司的有关事项，并负责执行股东会的决议。有限责任公司董事会的成员为 3 ～ 13 人。

股东人数较少和规模较小的有限责任公司，可设 1 名执行董事，不设董事会。执行董事为公司的法定代表人。董事应由股东会选举产生，但 2 个以上国有企业或其他 2 个以上国有投资主体设立的有限责任公司，其董事会成员中应当有公司职工代表，公司职工代表由公司职工民主选举产生。董事每届任期由公司章程规定，但每届任期不得超过 3 年，任期届满，可以连选连任。董事任期届满前，股东会不得无故解除其职务。有限责任公司董事会设董事长 1 人，设副董事长 1 ～ 2 人，董事长、副董事长的产生办法由公司章程规定。

（3）有限责任公司的经理。

有限责任公司的经理负责公司的日常经营管理工作，经理由董事会聘任或解聘，对董事会负责，依法行使职权。

（4）有限责任公司的监事会。

监事会是公司经营活动的监督机构。经营规模较大的有限责任公司，设立监事会，其成员不得少于3人，监事会应在其组成人员中推选1名召集人。监事会由股东代表和适当比例的公司职工代表组成，具体比例由公司章程规定。股东代表由股东会选举产生，职工代表由公司职工民主选举产生。股东人数较少和规模较小的有限责任公司，可以设1～2名监事。董事、经理及财务负责人不得兼任监事。监事的每届任期为3年，任期届满，可以连选连任。

2. 股份有限公司的组织治理机构

股份有限公司的组织机构同有限责任公司的组织机构基本相同，即设有股东大会、董事会、监事会、经理，只是这些机构的职权有些不同。

（1）股份有限公司的股东大会。

股份有限公司的股东大会是公司的最高权力机关，公司的一切重大事宜都必须由股东大会做出决议。

股份有限公司的股东人数众多，除少数人当选董事会或监事会成员外，多数人没有直接参与公司事务的机会，而有限责任公司的股东人数少且均有直接参与公司经营的机会，所以《中华人民共和国公司法》明确规定股份有限公司必须设立股东大会，以此作为股东对公司重大事项发表意见的权力机关，一切有关公司的重大事项均由股东组成的股东大会做出决议。股东大会不是股东代表大会，应由全体股东组成。

股份有限公司股东大会的职权与有限责任公司股东会的职权基本相同。唯一的差别是：有限责任公司的股东向股东以外的人转让出资时，须由股东会做出决议；而股份有限公司的股东可以依法自由转让出资，不需经股东大会批准。

股东大会的形式分为年会和临时会两种。年会（又称普通股东会）是指依照法律规定每年必须至少召集一次的全体股东会议；临时会（又称特别股东会）是指依据需要由董事、监事或拥有一定比例股份的股东依实际情况临时召集的不定期的全体股东会议。《中华人民共和国公司法》第一百条规定："有下列情形之一的，应当在两个月内召开临时股东大会：（一）董事人数不足本法规定的人数或者公司章程所定人数的三分之二时；（二）公司未弥补的亏损达实收股本总额的三分之一时；（三）单独或者合计持有公司百分之十以上股份的股东请求时；（四）董事会认为必要时；（五）监事会提议召开时；（六）公司章程规定的其他情形。"

股东大会会议的召集人应为董事长。

（2）股份有限公司的董事会。

董事会是公司的常设机关和执行业务机关。董事会的组成人员由股东大会选举产生，必须向股东大会负责。董事会成员中可以有公司职工代表。依据《中华人民共和国公司法》，股份有限公司董事会成员为 5 ～ 19 人，董事应由股东大会选举产生。董事任期由公司章程规定，每届任期不得超过 3 年。

依据《中华人民共和国公司法》，董事会的会议召集人应为董事长。董事会议的决议应有 1/2 以上的董事出席，并经全体董事的过半数通过方可生效。

董事会的职权主要包括：负责召集股东大会，并向股东大会报告工作；执行股东大会的决议；决定公司的经营计划和投资方案；制定公司的年度财务预算方案、决算方案、利润分配方案和弥补亏损方案、公司增加或减少注册资本的方案以及发行公司债券方案；拟订公司合并、分立、解散的方案；决定公司内部管理机构的设置；聘任或解聘公司经理，根据经理的提名，聘任或者解聘公司副经理、财务负责人，决定以上人员的报酬事项；制定公司的基本管理制度；申请公司设立登记，选举董事长、副董事长；申办发行新股的手续；等等。

（3）股份有限公司的监事会。

监事会是股份有限公司必设的监察机关。《中华人民共和国公司法》规定，监事会成员不得少于 3 人，由股东代表和适当比例的公司职工代表组成。其中职工代表的比例不得低于监事会成员总人数的 1/3，具体比例由公司章程规定。监事的每届任期为 3 年，任期届满，可以连选连任。

监事会的职权主要包括：检查公司的财务；对董事、经理执行公司职务时违反法律、法规或者公司章程的行为进行监督；当董事和经理的行为损害公司的利益时，要求董事和经理予以纠正；提议召开临时股东大会；等等。

（4）股份有限公司的经理。

经理是股份有限公司对内负责日常经营管理、对外代表公司的代理人。《中华人民共和国公司法》规定，经理由董事会聘任或解聘。经董事会决定，董事会成员可以兼任经理，但监事不得兼任经理。

经理的职权主要包括：主持公司的生产经营管理工作，组织实施董事会决议及公司年度经营计划和投资方案；拟订公司内部管理机构设置方案及公司的基本管理制度；制定公司的具体规章；提请聘任或解聘公司副经理、财务负责人；聘任或解聘除应由董事会聘任或者解聘以外的管理人员；公司章程和董事会授予的其他职权；等等。

初创公司为何要做股权设计

很多公司在初创期往往出于各种原因，未做股权设计。

事实上，对于初创公司，股权设计就好比建高楼打地基，只有地基打得好，楼房才能建得又高又稳；如果地基没打牢，则会留下很大的安全隐患。同理，未做股权设计或股权设计不合理的公司，在公司没有利润甚至亏损的情况下，股东之间或许没什么矛盾，而一旦公司的盈利能力和前景超出股东预期时，由于利益驱动，股东之间的矛盾就会马上凸显出来，这种现象很大程度上同股东的人品无关，而同人性有关。

新东方的创始人之一徐小平有一个观点："公司股权结构不合理，一定做不成。"

徐小平的话绝非危言耸听，在实践中就能看到这样的情况——真功夫、雷士照明等公司股权分配不合理，导致创始人锒铛入狱；1 号店创始人于刚由于 1 号店股权比例设计不合理而被逼离开自己一手创立的公司。

股权设计不合理的公司，甚至会出现这样一种怪现象——业务做得不错，最后却以倒闭收场，甚至越是挣钱，倒闭得越快。这是由于股东之间利益分配不平衡而引发股东矛盾，从而阻断了公司的持续经营。

除了个人独资开公司，做好股权设计和股权分配是一切初创公司的基本任务，是公司发展的原动力，它能够有效解决人的问题、钱的问题、资源的问题、融资的问题、公司控制权的问题。

老板进行股权设计，不是为了赶潮流。股权设计应有明确的目的性，它会对公司运营的各个重要方面产生直接影响。

1. 影响公司的控制权

股权设计之所以被视为企业的最高命题，是因为企业的股权架构设计能够影响公司控制权，这是决定公司能否存续的核心问题，也是事关公司创始人核心利益的问题。

如果公司创始人不懂股权设计，或者没能做好股权设计，很可能会导致各利益相关方争夺公司控制权的局面。比如，国美电器收购上海永乐电器之后，黄光裕和陈晓之间对新公司控制权争夺的问题，以及万科控制权的“万宝之争”等。公司控制权之争，不仅仅是公司内讧和内部消耗，有时还会导致公司实际控制人变更，甚至逼迫公司创始人出局。

需要注意的是，公司控制权并不等于控股权。我们看到很多公司，尤其是上了规模的公司和上市公司，公司核心创始人并不拥有绝对的控股权，但他们通过科学合理的股权设计和相应的制度设计，确保创始人在不具备控股权的情况下，依然对公司拥有牢不可破的控制权和话语权。比如，马云在阿里巴巴的股权只占 6.4%（截至 2019 年 1 月），刘强东只持有京东 15.4% 的股权（截至 2019 年 5 月），马化腾只持有腾讯 8.63% 的股份（截至 2017 年 10 月），李彦宏只持有百度 16% 的股份（截至 2019 年 4 月），这些国内叱咤风云的商业巨头都对其创立的知名公司不具有控股权，但对公司都有绝对的掌控权。

相反，如果股权架构存在问题，那些拥有公司控股权的股东并不一定有公司控制权，最后还有可能被驱逐出局。

因此，公司的控制权并不是简单的持股比例问题，它需要专业的股权架构设计才能解决。

2. 有助于聚拢合伙人

天使投资人徐小平讲过自己亲身经历的一个案例。

案例

“有一次来了一位女士，她介绍了自己的公司及公司产品，我对这个产品非常喜欢，这个投资方向也很好。但是，她是百分之百的股东。我问：‘你为什么没有一个合伙人？’她说：‘不需要，我没有什么重要的员工。’我就说我绝不会投你，原因是什么呢？因为她没有一个合伙人，当时她不明白这一点。我认为她一定成功不了，这种情况已经被反复强烈证明过。”

有上述这种心态的老板不在少数，认为凭一己之力完全可以打下一片江山，至于人力的问题，可以通过招聘来解决，没必要找人来跟自己分权分利。

这就出现了一个问题：创业，一定需要合伙人吗？这个问题要辩证地看待。

除了小生意，除了个体户，正规的公司化创业，往往都不是凭创业者一己之力能够完成的，需要引入合伙人，团队配合、各司其职，共同抵御风险；需要风雨同舟，结成前行的同盟军，共进退、共担风险。

当然，个人单打独斗创业，也不乏成功的案例，但是相对较少，即使创业成功，也会把创业者搞得疲惫不堪，创业进程会比较曲折，发展也会很有限，创始人很容易心力交瘁，成功可能是一时的，因为其抵御风险的能力较差。

引入合伙人，团队创业，则能够互相弥补短板，提升决策水准，合伙人各得其所，优势互补，其综合眼界和高度，都非个人创业所能比。

合伙人，可以是公司创始人或联合创始人、核心员工、外部顾问、投资人等。但合伙人，一定是公司股权的持有人。而优秀的股权设计，能够规避人性的弱点，从制度的层面规制合伙人之间的权益、责任关系，将大家的优势和正能量凝聚起来，共同为公司建设添砖加瓦。

3. 可明晰合伙人之间的责、权、利

合伙创业不仅要讲情怀，更要直面实际利益分配，而体现合伙人利益和价值的关键在于其所持的股份、所占股比、所享股权。进行股权架构设计，可以明晰合伙人之间的责、权、利。只有这种关系明确了，企业才具

备做强、做大的基础。

4. 方便融资

现代商业竞争在一定程度上是资本的竞争，同等水平的创业团队，同领域的创业项目，谁拥有更雄厚的资本实力，谁能调动更多的资金资源，谁就能够更好更快地跑马圈地、占领市场、做到行业老大、拔得头筹，让竞争对手望尘莫及。相反，如果在融资上落后对手一拍，则会一步落后、处处被动。

案例

2013 年上半年，国内网约车领域有三大巨头：滴滴打车、快的打车、大黄蜂打车。

为了抢占市场，跑赢对手，三家公司的竞争发展到最后几乎成了一场融资战，通过表 9－3 中三家公司的融资轮数和额度，基本上可以直观地推断出它们的发展命运。

表 9－3　滴滴、快的、大黄蜂的融资对比

融资轮数	滴滴			快的			大黄蜂		
	时间	金额	投资方	时间	金额	投资方	时间	金额	投资方
A 轮	2012 年 12 月	300 万美元	金沙江创投	2013 年 4 月	1000 万美元	阿里巴巴、经纬创投	不详	300 万美元	晨兴创投
B 轮	2013 年 4 月	1500 万美元	腾讯	2013 年 11 月	1 亿美元	阿里巴巴领投	—	—	—
C 轮	2014 年 1 月	1 亿美元	腾讯、中信产业基金	2015 年 1 月	6 亿美元	阿里巴巴、软银、老虎基金	—	—	—

（续表）

融资轮数	滴滴			快的			大黄蜂		
	时间	金额	投资方	时间	金额	投资方	时间	金额	投资方
D 轮	2014 年 12 月	7 亿美元	腾讯、淡马锡、DST	—	—	—	—	—	—

首先被吞并的是融资落后一筹的大黄蜂，这毫无悬念。2013 年 11 月，快的并购大黄蜂。

大黄蜂被并购之前，还有个小插曲，大黄蜂创始团队一直在接触百度高层，洽谈融资事宜，希望拉来 B 轮投资。不过在滴滴、快的的阻击下，未能成功。这样就避免了 BAT（百度、阿里巴巴、腾讯）各投一家的局面，三大巨头正面交火的好戏也未能上演。

尽管并购了大黄蜂，但在滴滴的步步紧逼下，快的的日子很不好过。

2015 年，在各投资方及双方公司高层的斡旋下，滴滴和快的实现了战略合并。

这一结局，更多是出于资本方利益最大化的考虑，事实上，在滴滴面前，合并之前的快的已居下风。

滴滴的强劲发展势头，让对手仰望的市场地位，离不开其创始团队的精诚努力。除此之外，以腾讯为首的强大资本方，不遗余力地倾心支持，更是一个不容忽视的重要因素——资本的大力支持。

在和快的的补贴大战中，对于需要由主要投资方腾讯来买单的请求，腾讯高层很爽快地表态："不论是一个月后补贴还是下周一补贴，CEO 做决定。"（《福布斯》杂志中文版 2015 年 2 月 26 日文章——《滴滴投资人王刚：滴滴如何用 80 万做成百亿美金公司！》）

滴滴能够笑到最后，一家独大，很大程度上是因为融资的成功。

创业公司拿到融资的前提是股权设计结构要合理，让外部投资人愿意进入，敢于投入，且要让渡相应的股权份额，给予其充分的获利空间。在创投圈，有这样一条共识——“投资 = 投人 = 投股权架构”。

如果股权结构设计不合理，基本上就堵死了外部资本进入的道路。

股权设计要解决的四个问题

一家上市公司从创立到上市的发展过程通常可分为初创期、成长期、扩张期、成熟期和上市期五个阶段。而股权设计问题会伴随公司发展过程的始终，包括公司发展过程中可能会出现的并购、重组、重整及合伙人退出等一系列情况，都与股权设计有关。

而在初创期阶段，公司股权设计及相应的股权治理结构，就要梳理并解决好以下四个问题。

1．出资人的问题

创业，需要的不仅是创业点子、项目和一腔热血，更需要真金白银的投入。创业初期，公司做任何事情都要用到钱，有钱才好办事。如果空对空，事情很难办，公司很难运转，所以公司启动资金极其重要。

在这种情况下，谁是出资人就显得非常重要。举例来说，某个创业项目，需要1000万元启动资金，那么出资500万元的合伙人和出资100万元的合伙人，其贡献程度是不一样的，这种不同的贡献程度要在股权分配上予以体现。

从资金来源方向看，有内部投资人（创始人、合伙人、内部员工等）和外部投资人（天使投资人、风险投资商等）之分；从投资主体看，也分两种形式，一种是只投钱不做事（不负责公司日常经营和管理），另一种是既投钱又做事（股东同时担任公司内部职务）。这一点一定要在投资协议中约定清楚，免得日后起争执。

2．注册资本的问题

成立公司，会面临注册资本确定的问题，现在国内对公司注册资本的要求已经从实缴制变成认缴制。所谓认缴制，是指公司确定注册资本以后，比如注册资本为 300 万元，股东并不需要当即将这些资本安排到位，而是可以在一个较长的期限内陆续到位，甚至可以长期不到位。但这并非意味着注册资金越多越好。在确定注册资本时要综合考虑以下几个因素。

首先，要考虑股东的出资能力，认缴制下股东虽然不必马上将全部注册资本出资到位，但是需要承担同注册资本金额相对应的责任。另外，一旦公司注销，需要补交印花税（以注册资本为基数乘以相应比率）。

其次，要考虑公司的实际资金需求。通常，公司的注册资本可以是公司年资金实际需求的 2～3 倍。

最后，要考虑公司是否有资质或名称上的需求。比如，一些工程企业或需要参加招投标的企业，会有一些注册资本上的准入要求，那么，就需要相应提高注册资本数额。另外，某些省对于不同公司名称中包含省、市、县等不同行政级别开头的，制定了不同的注册资本标准。比如，以河北省为例，如果公司名称是“河北省××公司”，则需要注册资本不少于 300 万元，否则，只能注册为“××市××公司”或“××县××公司”。

3．股权如何分配的问题

公司的股份分给谁、怎样分，这是股权设计的核心问题，要充分考虑以下细节：

第一，考虑合伙人的出资金额、工作能力、资源情况、预计贡献值等。

第二，公司股权分配基本原则是看分配对象的综合贡献值，而不仅仅是看出资额。具体来说，如果是技术导向型的公司，那么拥有核心技术的创始人在分配股权时，就要给予相应倾斜；如果是管理导向型的公司，则应向拥有管理背景的创始人倾斜；如果是资源导向型的公司，那么公司股权分配要向拥有社会资源的人士相应倾斜。

第三，出资形式可以为现金、实物、知识产权、固定资产、资源等。

一般来讲，初创公司都会面临资金紧张的问题，建议合伙人或多或少都要出资，都要拿出一定数额的真金白银，同时做好不同出资形式的估值转换。

第四，留出股权池，为后期的股权激励和股权融资做好准备。

4. 公司日常运营的问题

企业的经营者是指负责企业日常运营的人员，可以是股东，也可以是聘请的职业经理人。

从法律角度讲，股东是企业的拥有者，而企业用来保障股东权益的机构有两个——董事会和监事会。

董事会由股东大会选取的董事组成，对股东负责，具有公司的经营决策权，领导公司所有的对内和对外事务；监事会是公司的监督机构，用来对董事会和经理人的活动进行监督，但并不参与公司的日常业务决策和管理，对外也无权代理公司。为了避嫌，监事会成员不能由董事和高级管理人员兼任。

董事会负责公司经营，对股东负责。监事会负责监督公司管理层的行为，也对股东负责。

公司股权设计应避开的几个坑

公司初创期，由于受各种因素制约，老板要么不进行股权设计，要么仓促进行股权分配，结果留下诸多隐患。在早期股权配置上，老板们容易跳进的坑主要有以下几个。

1. 均分股权

均分股权是股权分配最常见也是最大的一个坑，是股权分配的大忌。现实生活中，一些创业伙伴之间喜欢讲究公平公正，讲究有福同享，有难同当。比如，两个人开公司，股权就五五开；三个人合伙，那就每人占33.3%；四人团队创业，于是各占25%的股权。殊不知，这都是典型的“埋雷式”股权分配，也是最易引起创业合伙人之间矛盾和分裂的股权结构。因为，虽然股权可以均分，但每个合伙人对企业的贡献值不可能是均等的，大家合伙创业，除了出于情怀，还出于对经济利益、地位权力的追求，项目如果没做成还好说，如果公司发展壮大了，合伙人的心态会发生转变，各种各样的问题就会暴露出来。

《21世纪商业评论》执行主编吴伯凡认为创业团队最大的危险是均分股权，他指出：最大的危险，我们四个都是兄弟，我们一起打江山，我们平均分配股份，我们一人25%，如果是这样的话，这个公司死定了，不管商业模式有多好，不管技术有多好，都死定了。原因是最初创业的时候志同道合，但是稍稍有所进展，稍稍有所成就的时候，每个人的主张就不一样了。就像在最危急的时候，大家容易形成共识，遇到一伙劫匪，四个人肯定会特别团结。但是，不是天天有劫匪的。再比如，好多事情开始要每个人从最初的打乒乓球的状态调整到打高尔夫球的状态。打乒乓球就是球过来必须得打，问题用不着想，就出现了，你必须得去解决，创业初期就像打乒乓球的阶段。到一定时候，就是打高尔夫球了，没人跟你对着打，你朝哪儿打、你打多远，所有事情都取决于你自己，这是非常考验一个人的能力。四个恨不得穿一条裤子的兄弟，到了一个阶段也可能会发生分歧，你不服我、我不服你，最后公司可能会分崩离析，导致一个伟大的计划覆灭。这种情况经常出现。

国内连锁餐饮企业“真功夫”创业初期，蔡达标夫妻分别持股 25%，潘宇海持股 50%；2006 年，蔡达标夫妻离婚后，妻子的股权归蔡达标，于是蔡达标持股达 50%，与潘宇海持股相同。后经过融资，蔡达标和潘宇海的持股比例均被稀释至 47%。在投资人的支持下，蔡达标力推家族化改革，股东之间爆发了激烈的矛盾，后来担任“真功夫”董事长的蔡达标更是因股权之争而锒铛入狱。

因此，创业团队分股权，务必要绕过“股权均分”这个坑。

2. 股东太多，股权过于分散

股权分散是股东过多造成的，有些创业者出于分散风险、筹集资金的需求，通常会找到很多合伙人，导致股东过多，股权也比较分散。

股权分散，一方面会导致公司股东之间沟通协调和决策成本大大增加；另一方面，公司股东之间也容易形成小团体，形成各种利益博弈关系，使得内斗的风险大大增加，这会影响公司的正常发展。

而且，数量众多且背景不同的股东，都想在公司运营中表达自己的意见，大家各执一词，内部矛盾和分歧就会比较多，内部出现的种种政策会不受个人意志所控制，导致公司运行效率极其低下，决策周期漫长，势必影响公司正常运营。

不论是股权众筹，还是其他形式的股权合伙，都应该按照公司治理的相关制度，确保有几个有主导权的大股东。再者，股权可以分散，话语权万万不可分散。大股东投入的资金多，他们会更加关注资金的安全，应该有更大的发言权，这样也便于意见的集中。

当然，如果公司发展良好，吸纳了外部投资人，经过数轮融资甚至首次公开发行股票（IPO）之后，公司股东众多、股权分散，这是合情合理的，但这种情况不应出现在公司初创阶段。

3．资源股过多

公司组建之初，不仅缺钱，还缺各种资源。为了满足公司一时之需，创始人很可能会做出一些短视的决定——吸纳资源提供者为股东，给予其较多股权。而等公司度过了生存期，进入高速成长阶段，才发现那些所谓的资源大多只有一次性价值、短暂性价值，等公司成长到一定阶段，这些资源的获得将会非常轻松。如此一来，就会在股权结构上留下很大的隐患——资源提供者提供的多是阶段性的一次性价值，与其获得的股权价值不符，容易引起其他合伙人不满，同时也不利于引进新的合伙人，不利于公司的进一步融资。

因此，对于短期性资源提供者，不论其资源价值有多大，都要慎重发放股权或期权，可以考虑其他合作方式，比如租借和购买的方式，而无须通过股权与其深度绑定。

4．天使投资人占股过高

一般来说，根据出资额，种子投资者、天使投资人所占的比例基本在10%～20%之间，当然，不同的创业公司可能会有差异，不过基本上都是在这个区间。如果种子轮、天使轮有投资人要求超过25%的股份，那就可以果断拒绝了。天使投资人占股过高，会影响公司后期的发展，形成双输的局面。

股权是创业公司最珍贵的资源，前期要非常珍惜，不要出让太多。因为，日后公司还要给团队留下股权池，并且还要进行后续融资，如果早期出让过多股权，会直接影响后期的内部股权激励和对外股权融资进度，而且，早期出让股份过多无法保证管理团队对公司的绝对控制权。

5. 没有预留股权池

大部分创业公司合伙人分股权，就像是分蛋糕，几个合伙人不论以何种计量方式划分，都是将100%的份额分完为止。这样的话，他们遗漏了一个事项——预留股权池。

股权池通常是公司在融资前为吸引高级人才而预留的一部分股份，用来激励员工（包括创始人自己、公司高管、公司骨干员工、公司普通员工）。这是初创企业实施股权激励计划常用的一种方式，创业公司的发展壮大需要人才，而发放股权是吸引人才加入的关键手段。

创业团队最初分配股权的时候，应该预留一部分股份放入股权池，用于持续吸引人才与进行员工激励。

而且，是否预留股权池，有时也是投资人衡量公司股权架构和投资价值的一个重要指标，比如，真格基金在做天使轮项目投资的时候，通常会要求创始人预留15%左右的激励股权。

6. 没有实际控股之人

创业公司，有一个清晰明确的领头人是非常必要的，诸如苹果、微软、谷歌、腾讯、阿里巴巴、百度、小米……这些互联网企业都有清晰明确的领头人。有领头人，不意味着专治，领头人不一定要控股，不过一定要有对公司的控制权，通过各种财务设计，比如通过AB股计划、事业合伙人制等确保对公司的控制力。创业合伙团队的决策机制，可以民主协商，但意见发生分歧时必须集中决策，由领头人一锤定音。

公司领头人只有具备了对公司的控制权，在公司股东会和董事会的博弈中，才能拥有话语权，才能够掌控公司，创业公司才不会沦为不怀好意的投资人手里不断转售的商品。

创业团队没有明确的领头人，看似平等民主，实则会严重影响企业的决策效率，时间长了，甚至会引发创业团队内部的股权之争。所谓“人为财死，鸟为食亡”，当追求利益达到一定程度时，什么伙伴、友谊之类的东西都得靠边站，最好的办法是“先小人后君子”，提前在制度上做好设计，规避后续麻烦的出现。

合伙人团队最怕没有大家都信服的领头人，企业的领头人不清晰，企业股权设计就是失败的，下面来看一个反面案例。

案例

“西少爷”将传统肉夹馍和互联网营销手法结合，曾火爆一时，第一家门店开业不到一周，就有投资人找上门来要投资，给出了 4000 万元的估值。

“西少爷”有孟兵、宋鑫、罗高景三个合伙人，持股比例分别为 40%、30%、30%。“西少爷”肉夹馍实际上是他们的第二个创业项目，转型后，第四名合伙人袁泽陆加入。

在公司发展如日中天之际，“西少爷”的几个合伙人却由于股权架构和引资问题起了内讧，大股东孟兵提出，为了公司日后发展需要，希望公司能组建 VIE 结构（可变利益实体），提升自己的投票权权重（是其他合伙人的 3 倍），对此，其他三名合伙人都感觉很诧异。经过协商，罗高景和袁泽陆表示可以接受孟兵拥有 2.5 倍的投票权，宋鑫却始终没有同意。

于是，一场漫长的股东内斗就此开始，先是宋鑫被踢出管理层，后来宋鑫又另起炉灶创办“新西少”肉夹馍，最后，他们更是因为分红问题闹上了法庭。

在这个案例中，“西少爷”合伙人从股权上没有分出绝对的领头人，而在实际决策权上也没有一锤定音者，谁也不服谁。结果，这种情况导致了后面悲剧的发生。

所以，公司必须要有实际控制人，这个控制人一般就是创始人，通常是发起创始人。

一家公司，只有确定了控制人，公司才有明确的主人，才有杀伐果断的决策，才有运营的方向。

好聚好散，设计好退出机制

天下熙熙，皆为利来；天下攘攘，皆为利往。合伙人之间，没有永远的朋友，也没有永远的敌人，只有永远的利益。同样，合伙人之间有聚也有散，合伙人在决定合伙开公司的时候，就要提前把退伙的问题协商好。如果没有妥善的合伙人退出机制，最后很可能导致纠纷。

某创业公司，前期一个合伙人出资仅仅 3 万元，就拥有公司 30% 的股权。后来，该合伙人由于个人原因不能继续在公司任职，于是他决定离职。

离职后，这位合伙人坚决不同意退股，他的理由有四点：

（1）《中华人民共和国公司法》没规定股东离职得退股。

（2）公司章程没有对退股事项做出约定。

（3）股东之间也没签过任何其他协议约定，甚至没就退出机制做过任何沟通。

（4）他出过钱，也参与了创业的关键阶段。

而其他合伙人则认为如果他不退回股权，既不公平也不合情理，但由于事先没有约定合伙人的退出机制，因而对合法回购退出合伙人的股权束手无策。

合伙人取得股权，是基于大家长期看好公司发展前景，愿意长期共同参与创业；合伙人早期拼凑的少量资金，常常并不是合伙人所持大量股权的真实价格。

股权的核心价值在于，所有合伙人与公司长期绑定（比如 4 年），通过长期服务公司去赚取股权。如果不设定退出机制，允许中途退出的合伙人带走股权，这样做看似对退出合伙人公平，但却是对其他长期参与创业的的合伙人最大的不公平。

对于合伙人可能退出的情形，应当提前制定预警性的退出机制：

（1）在企业初创期，合伙人的股权分为资金股与人力股，资金股占比小，人力股占比大，人力股至少和一定的服务期限挂钩，甚至与核心业绩指标挂钩，如果合伙人未能完成服务期限，或未能达到相应的业绩指标，则其股权的处置应当按约定政策执行。比如，可以在一定期限内（例如，1年之内），约定股权由创始股东代持。

（2）如果合伙人离职，资金股与已经成熟的人力股，离职合伙人可以兑现，但未成熟的人力股应当被回购。

（3）合伙人中途退出，公司或其他合伙人有权股权溢价或折价回购离职合伙人未成熟，甚至已成熟的股权。

（4）鉴于国人“谈利益，伤感情”的观念，合伙人之间首先就退出机制的公平合理性充分沟通，达成共识，做好团队的预期管理，然后再做方案落地。

（5）对于离职不交出股权的行为，为规避司法执行的不确定性，约定离职不退股须支付高额的违约金。

（6）合伙人与配偶应就创业股权进行钱权分离。很多创业者容易忽视的是，创业合伙人的配偶，其实是其背后最大的隐形创业合伙人，因为法律规定婚姻期间的财产属于夫妻共同财产，当然也包括配偶在公司的股权，除非夫妻间另有约定，否则创业者一旦离婚，其直接结果是：公司的股权将会发生变更，甚至会导致实际控制人发生变更。比如，土豆网创始人王微就因为配偶股权纠纷，影响了土豆网的最佳上市时机，后来为此付出了巨大的代价。为了保障公司股权与团队的稳定性，兼顾配偶合理的经济利益，稳固创业者后方的和谐家庭关系，应设立配偶股权条款，其基本原则是：一方面，要约定股权为创业者个人财产；另一方面，创业者还要同意与配偶分享股权变现利益，做到钱权分离。

创业公司遇到合伙人退出，应按上述约定或其他特殊约定，平和处理，不应反目成仇。在执行退出合伙人股权回购时应遵循两个原则：

第一，承认合伙人的贡献。对于退出的合伙人，一方面，可以全部或部分收回股权；另一方面，必须承认合伙人的历史贡献，按照一定溢价或折价回购股权。这一点不仅关乎合伙人的顺利退出，也事关公司形象乃至企业文化的塑造。

第二，确定回购价格。对于退出合伙人股权回购价格的确定，要考虑两个因素，一个是退出价格基数，另一个是溢价或折价倍数。比如，可以考虑按照退出合伙人掏钱买股权的购买价格的一定溢价回购，或按照退出合伙人持股比例可参与分配公司净资产或净利润的一定溢价回购，也可以按照公司最近一轮融资估值的一定折扣价回购。

股权转让如何避税

股权转让一般涉及四个税种：

第一，印花税。税率为5‰。不论是企业还是自然人股东，也不论是上市公司还是非上市公司，转让股权都要缴纳印花税，且买卖双方都要缴纳。

第二，增值税。对于公司、合伙企业、个人独资企业转让上市公司流通的股权，需要按照金融商品转让所得征收增值税；而转让非上市流通股权或者是合伙企业的股份，则不属于增值税的征税范围。另外，个人股东，或者个体工商户转让上市公司的股权，可以享受免征增值税的优惠政策。

第三，个人所得税。自然人股东转让股权，需要缴纳20%的个人所得税。

第四，企业所得税。如果股权转让方为企业，则会涉及企业所得税，一般税率为25%，符合小型微利企业条件的税率为20%，符合高新技术企业要求的税率为15%。

例如：

A公司2020年5月份支付2000万元购入B公司10%的股权，2020年12月将所持股份出售给C公司，取得股权转让收入3000万元，则A公司需要缴纳的企业所得税计算公式如下：

企业所得税＝（3000万元－2000万元－转让过程中发生的相关合理费用）×25%

由于股权转让中涉及的印花税和增值税几乎没有筹划空间，此处主要谈一下个人所得税和企业所得税的节税筹划。

1. 自然人股东股权转让税务筹划

在股权投资与转让退出的过程中，自然人股东几乎没有避税空间，而以自然人成立投资公司或合伙企业作为股东的间接投资模式在股权投资与转让退出的过程中具有相对较大的合法避税空间。

自然人股东股权转让的应纳税额，可从以下两个方面进行筹划，合理合法地降低税负。

第一，以正当理由低价转让股权。

《股权转让所得个人所得税管理办法（试行）》（国家税务总局公告2014年第67号）第十条规定，股权转让收入应当按照公平交易原则确定，同时，第十三条从股权交易的实际出发，对具有“正当理由”的低价转让股权做了例外规定——符合下列条件之一的股权转让收入明显偏低，视为有正当理由：

（1）能出具有效文件，证明被投资企业因国家政策调整，生产经营受到重大影响，导致低价转让股权。

（2）继承或将股权转让给其能提供具有法律效力身份关系证明的配偶、父母、子女、祖父母、外祖父母、孙子女、外孙子女、兄弟姐妹以及对转让人承担直接抚养或者赡养义务的抚养人或者赡养人。

（3）相关法律、政府文件或企业章程规定，并有相关资料充分证明转让价格合理且真实的本企业员工持有的不能对外转让股权的内部转让。

（4）股权转让双方能够提供有效证据证明其合理性的其他合理情形。

以低价转让股权来节税的操作模式，主要适用于密切利益相关人之间，比如夫妻、父子、兄弟之间，否则，低价转让股权本身也会让股东利益直接受损，该损失甚至会高于节税所带来的收益，得不偿失。

第二，通过变更被转让公司注册地来争取税收优惠或补贴。

为了促进经济发展或招商引资，国家及地方层面都出台了一系列的区域性税收优惠政策，很多经济开发区还推出了财政返还政策。比如，个人独资企业（营改增）小规模的可以申请核定征收，核定征收之后享受个税税率 0.5%～3.5%。因此，可以通过变更注册地或在园区新办公司，让股权转让方实现成功避税。

2. 企业股东股权转让的税务筹划

这里主要介绍企业股东股权转让税务筹划的三种方法。

第一，“先分后转”法。

《国家税务总局关于贯彻落实企业所得税法若干税收问题的通知》（国税函〔2010〕79号）第三条规定：“转让股权收入扣除为取得该股权所发生的成本后，为股权转让所得。企业在计算股权转让所得时，不得扣除被投资企业未分配利润等股东留存收益中按该项股权所可能分配的金额。”

根据该条规定，企业享有的被投资企业相当于股息、红利的收入可以免征企业所得税，因此，企业股东转让股权中进行税收筹划的关键在于将应税所得转化为免税所得。实操中，企业可以先分红，再转让股权，从而使被投资企业的未分配利润部分享受免税待遇，从而实现节税的目的。

第二，按出资比例改为优先分红。

《中华人民共和国公司法》规定全体股东可以约定不按出资比例分红，即优先分红在法律上是有根据且可行的。

因此企业股东在股权转让的过程中，可以通过将利润优先分配给待退出企业股东的方式，为企业减少盈利，从而减少企业所得税支出。

第三，利用税收优惠政策进行避税。

类似自然人股东股权转让税务筹划的第二种方法，企业股东也可以有针对性地在可享受税收优惠的地区建立持股公司（平台），以降低股权转让中的企业所得税支出。

【工具】老板持股比例的七条“生死线”

老板持股比例的七条“生死线”如表9-4所示。

表9-4 老板持股比例的七条“生死线”

持股比例	拥有权限
100%	100%持股，属一人老板制，完全持股，一人掌控公司，老板（股东）对公司上下事项有绝对的不容置疑的处置权和决定权
66.67%	拥有企业的绝对控股权，相当于100%的权力。持股66.67%的股东（或股东联盟），有权主张以下事项： ·修改公司章程； ·增加注册资本； ·减少注册资本； ·公司合并； ·公司分立； ·公司解散； ·变更公司形式。 不过有例外事项，《中华人民共和国公司法》第四十二条有规定，“但是，公司章程另有规定的除外”。也就是说，公司章程可以约定按照《中华人民共和国公司法》约定的出资比例行使表决权，也可以自行约定另外的比例

（续表）

持股比例	拥有权限
51%	《中华人民共和国公司法》第一百零三条第二款规定："股东大会作出决议，必须经出席会议的股东所持表决权过半数通过。"持股51%为相对控制线，拥有相对控制权，即所持表决权过半数。可以决定公司的一般事项，或者说，可以控制公司日常经营中的绝大多数事务。比如，进行公司决策，聘请独立董事，选举董事、董事长，聘请审议机构，聘请会计师事务所，聘请、解聘总经理等
34%	股东持股量在34%及以上，而且没有其他股东的股份与他的股份冲突，则拥有否决性控股，具有一票否决权。 持股三分之二以上拥有绝对控股权，有权表决通过事关公司生死存亡的事宜，但如果一个股东持股超过三分之一，那么另外的股东持股量就达不到三分之二以上，这样一来，那些决定公司生死存亡的事宜就需要持股超过三分之一的股东的支持，因此，持股超过三分之一，就相当于控制了公司的生命线，拥有安全控制权。 另外，一票否决权只适用于那些决定公司生死存亡的事宜，而对其他仅需过半数以上股东通过的事宜，则无法否决（对持股量在34%以上50%及以下的股东来说）
10%	持股10%以上的股东，可提出质询、调查、起诉、清算、解散公司。其法律依据为《中华人民共和国公司法》相关规定
3%	拥有临时提案权，即持股股东可在股东会召开10日前提出临时提案并书面提交董事会
1%	拥有代位诉讼权。股东可书面请求监事会或者不设监事会的有限责任公司的监事向人民法院提起诉讼；有权为维护公司利益，以个人名义直接向人民法院提起诉讼

第十章
投融资管控：确保资金进出安全高效

企业股权融资和股权投资，都属高风险的企业重大经济事项，老板务必要设计好相应的管控措施，一方面，要确保企业的资金需求和公司权益不受侵害，避免在融入资金的同时“引狼入室”；另一方面，要确保对外股权投资的收益和安全，尽可能降低风险系数，避免“竹篮打水一场空”。

股权融资的七大注意事项

对很多公司尤其是民营企业来说，融资一直是个大问题，也是一门大学问。而在融资这件事的操作上，老板们的具体情况却各有不同。有的老板一年融资几次，迅速让公司成长为行业的独角兽；有的老板自己创办的公司到最后都没融到一分钱；还有些老板虽然成功融资，不过自己却净身出户了。

企业可用的融资方式主要有两种：

第一，债务性融资，指通过银行或非银行金融机构贷款或发行债券等方式融入资金，债务到期需要还本付息，是通过增加企业负债来获取的。

第二，权益性融资，是通过扩大企业的所有权益，如吸引新的投资者、发行新股等来实现，不需要偿还和支付利息，但需要出让公司部分股权，并进行相应的分红、派息，也可称为股权融资。

这里重点谈一下股权融资，做股权融资时如何才能快速有效地获得融资呢？融资时又该注意什么呢？这里提供了几条基本注意事项，供大家参考。

1. 创业合伙人，小投入，占大股

创业合伙人，是公司项目、产品成功的关键，投资从某种程度上讲就是“投人”，“宁要一流的人才和二流的项目，也不要一流的项目和二流的人才”是很多投资人奉行的投资准则。请记住，人力资本一定大过货币资本，对于初创期的创业公司尤其如此。

所以，创业合伙人要重视自身价值，而且创业合伙人不仅要投入资金，更要做操盘手，要负责公司的运营与拓展，要做事，可以说是投入了全部的身家性命。因此，创业合伙人要想投入较少的资金，占大股，前期务必要掌握控股权。

2．外部投资人，大投入，占小股

外部投资人，通常只投钱，不做事，因此其股权获得价格应比合伙人高，而不应以与合伙人同样的价格来获取股权。

通常，我们建议外部投资人要比创业合伙人最起码以高出1倍的价格购买股权。比如，公司启动资金如果需要100万元，那么创业合伙人购买股权的价格为1万元1股，对外部投资人则定价为2万元1股。

具体操作时，要绝对避免完全按出资比例来分配股权，因为外部投资人相较创业合伙人，其权益肯定要受到一定限制。对此，创业合伙人要把控好底线，该强势的时候一定要强势，否则会后患无穷。

案例

某创业公司，有4名合伙人，总计持股49%，外部天使投资人投入2000万元，持股51%，由于切入了一个几乎是空白的细分领域，该项目上线后，发展迅速，用户急速增长，渐渐引起了很多投资机构的瞩目。

遗憾的是，该公司的创世团队先后接触了数十家国内外投资机构，都不能取得实质性的进展。原因很简单，那些老道的投资人一眼就看出了问题所在——天使投资竟然持股51%，其他投资人再继续跟投就是往坑里跳。

有些企业创始人会天真地寄希望于向早期的天使投资人回购股份，但是又有几个天使投资人愿意将到手的利益拱手相让，即使天使投资人愿意让出股份也会让企业创始人和其他投资人付出高昂的代价，况且这种持有大量股份的天使投资人很可能不具备大格局和大局为重的觉悟，否则就不会主张控制控股权了。

投资人的股权分配不合理，不仅会打击创业合伙人的积极性，也会给后期的投资者设置天然的进入壁垒。有很多初创企业，有好团队、好创意、好产品，最终却因为股权问题，导致创业失败。

如何规避这种问题呢？要设计好股权出让的底线，第一轮增资扩股（种子轮、天使轮）尽量不要超过 30%，建议在 20% 左右。

事实上，一些具备共赢心态和开阔格局的投资人，也很认同这一点，道理很简单，只有先将盘子做大，才能给大家带来更多的利益。

3．公司初创期要珍惜股份

早期的项目，比如一个刚上线或者刚运营不久的创业项目，在没有产品、没有用户、没有市场、没有收入、没有盈利的情况下，很难对它进行准确的估值。这种情况下，就不能仅仅依赖投资人对项目的价值判断来进行定价，公司合伙人心里也应有一杆秤，对公司要有信心，不要低估其价值。

在出让股权时，务必要珍惜自己的股份，尤其在公司起步阶段，避免为了融资不讲原则地退让，哪怕是出让控股权也在所不惜，这样很可能会被资本所反噬，被投资人牵着鼻子走，失去自己的初心，导致创业公司误入歧途。

4．筛选投资人

对于外部投资，什么钱可要，什么钱不可要，要有自己的原则和底线，不可来者不拒。创投行为是一项双向选择，投资人在考察公司和团队的同时，创业合伙人也要加强对投资人的反向调查和筛选。

第一，对天使投资人，尽量选择那些资金实力雄厚、拿闲余资金投资的人，这类投资者往往具有风险投资意识，心态也比较平和，赚了，皆大欢喜；赔了，也无所谓。否则，如果天使投资人投进去的是自己养家糊口的钱，一旦赔进去，结果是很严重的。

第二，对投资公司，要看其股权结构是否合理、是否存在纠纷和隐患，看其控股股东是谁。

第三，对思维、作风、观念差距过大的投资人，尽量不要引进来，因为思维上的鸿沟，行事风格、观念上的差距，会让创投双方合作起来非常难受。可以设想一下，公司老板引入了一个“天使”，然后他在公司内部安插自己的眼线，想方设法来监督公司，三天两头来干预公司日常经营，定期来参加公司例会，这样与其说是引入了一个“天使”，还不如说是招来了一个“祖宗”。

5. 不要给一票否决权

有些外部投资人虽然所占股权比例比较少，不具有控制权，但往往会要求在公司经营方向、资金使用、人员任用等方面有一票否决权，这会使得创业团队束手束脚，严重影响创业公司的发展。

因此，为了避免给自己找麻烦，对于要求一票否决权的投资人应予以拒绝。

6. 留下股权空间

现代企业，出于发展的需要，往往需要经过多轮融资，为了给后续投资者留下投资空间，就要提前做好制度设计。

第一，预留足够的股权空间，为新的合伙人加入、投资资金进入、团队及员工激励留出余地。

第二，约定股权同比稀释。

例如：某公司创始人占股 80%，外部投资人占股 20%，已经将股权充分“瓜分”，对于这种情况，就要提前做好“股权同比稀释”的约定，给后面的股权分配留下空间。

具体操作方式为如果公司估值为 2000 万元，需要融资 500 万元，出让 20% 的股权，那么创始人和原投资人的股权就要被同比稀释掉 20%，稀释后的三方持股比例为 64%（稀释掉 16 个百分点）、16%（稀释掉 4 个百分点）和 20%。

7. 三种融资不能拿

公司发展期，缺钱是常态。但不能为了筹钱，而失了自己的底线，做出一些让自己追悔莫及的选择。要明白什么钱可以拿，什么钱不可以拿。

尤其是股权融资，更应是一种双向选择，对于以下几种投资要慎重，尽量不要拿。

第一，主张不平等条款的投资不要拿。

如果外部投资者主张超出正常情况的股份，比如早期投资者主张30%以上的股权，以及提出不正常对赌约定，或者要求严厉监管投资对象的，那么融资一方就要慎重考虑了。

客观地讲，对于那些成熟的投资机构而言，大多都会尊重创始人对公司的控制权，同时也尊重创始人的持股比例，因为他们明白只有这样才能激励创始人将公司的盘子做大，大家才能实现共赢，投资人才能获得更可观的回报。

正是出于这种考虑，很多心态较好的投资人都会主动提出给予创始人相对较多的股权，甚至于，某些投资人都不愿意投那种创始人持股比例过低的公司，在他们看来这属于股权架构存在隐患的公司。

因此，如果投资人提出一些不合理的要求，那就真要去仔细揣摩一下他们的心思了。

第二，小投入主张大权力的投资不要拿。

有这样一类投资人，他们投入资金不多，也不要求过多的股权，但会提出一些过分的要求，比如向公司派驻董事，参与公司日常经营和决策，或者主张一票否决权，以在关键时刻显示自己的存在。

这种投资人一旦拿到想要的权力，会对公司日常运营形成极大干扰，是老板掌握公司控制权的重大隐患。

第三，战略意图太明显的投资不要拿。

投资人投资入股公司主要有两种类型：财务性投资和战略性投资。对于战略性投资人的钱要保持足够的谨慎，要设法弱化其对公司控股权的掌控，并做好相关制度或法律设计，做好防火墙，避免“引狼入室”。

投融资中的尽职调查与反向尽职调查

股权融资过程中有一个重要环节——尽职调查，即投资人针对被投资方是否具有投资价值而展开的详尽调查，调查结果将作为投资人决定是否投资的重要依据。

对融资方而言，并不是什么钱都可以拿，什么投资人都可以来者不拒，融资方也需要对投资人进行必要的反向尽职调查，以免“引狼入室”。

1. 投资人对融资方的尽职调查

简单来说，股权投资人最关注的问题有以下几个：

第一，企业靠什么赚钱？（关于企业商业模式）

第二，企业的上下游是谁？（关于企业业务模式）

第三，如果投资亏了怎么办？（投资保障机制）

第四，企业准备将融资得来的钱花在什么地方？（资金走向及用途）

以上问题，融资者要给出妥善而合理的解答。而在企业和投资人就投资事项达成初步共识后，双方会签订一个投资意向书，接下来，投资人将对投资目标进行详尽而全面的尽职调查。

一旦进入正式的尽职调查流程，投资人的尽职调查团队会包括审计师团队、律师团队、外聘的行业咨询公司、技术咨询顾问，有的甚至还会聘用私家侦探来调查目标公司创始人的背景。调查的范围包括公司的财务、法律、业务、行业、创业团队等信息。调查的方法分内部调查法和外部调查法，包括各种访谈、求证、查阅等。毫不夸张地讲，在尽职调查过程中，投资人丝毫不怕麻烦，他们会将目标公司的方方面面翻个底朝天。

投资人做尽职调查，主要是为了了解融资方人员、财务、业务、法律四个方面的信息。

（1）人员信息调查。

投资，在很大程度上就是“投人”。

在尽职调查中，人的因素是重中之重，几乎所有的投资人都把对目标公司合伙人团队、高管团队的尽职调查放在第一位，除了工作能力，投资人对创业者的人品、胸怀、格局等要素也很看重，因为他们要确保自己投进去的巨额资金能够得到善用，而人品欠佳者会让他们产生一种不安全感。

因此，投资人对于公司创业团队核心人物的调查是最全面的，也是最用心的，他们会对所有可能影响投资决策的个体因素进行调查，比如相关人士的人生经历、教育背景、性格情况、职业背景、有无犯罪经历、诚信状况等。

有时候，投资人不仅仅从正面调查公司创业团队的成员，还会从侧面调查他们的声誉，以及询问他们的家人、朋友、合作者对他们的看法。此外，甚至还有投资人会聘请专业的私家侦探去调查公司创业者及其家人的情况，以确保自己不会看错人。

最后，投资人才会得出一个综合结论，决定是否投资。

（2）财务信息调查。

财务信息调查主要是调查公司提交的财务报表和财务信息的真实度、健康度，风险投资商通常会选择知名会计师事务所的职业会计师，对目标公司的财务状况进行一次全面审阅，主要是看其收入确认原则、折旧原则是否合理，有无偷税漏税情况和其他财务风险，还包括其他领域的详细情况（表 10－1）。

表 10－1　财务信息尽职调查详情

资产情况	（1）公司固定资产清单，包括自有资产及租赁资产。 （2）上述固定资产产权文件的复印件，包括所有原始发票、购买合同等。 （3）上述固定资产设置的抵押、质押或其他担保文件。 （4）劳动、人事情况。 （5）公司所拥有的、许可的或被许可的所有登记的或未登记的知识产权清单，包括专利、商标、域名、版权、商业秘密、数据库等。 （6）知识产权证明文件、许可或被许可有关的文件的复印件
借款融资情况	（1）公司作为贷方或借方的所有借贷合同以及所有附件的复印件，以及前述借贷合同的履行情况信息资料。 （2）公司在上述借贷协议项下违约（若有）情况的信息资料。 （3）公司所签发的所有担保和补偿文件。 （4）关于向股东或其关联方提供借款或者从股东或其关联方取得借款的协议，详述利率、金额、提款日和还款日以及任何相关的担保。 （5）关于公司就股东或者股东的关联方的债务向第三方提供担保的协议
财务税务情况	（1）公司成立以来的经审计的年度财务报告、审计报告及相关的账册、凭证。 （2）公司的财务管理制度。 （3）公司主要债务，列明贷款银行及债权人名称、借款金额、期限、还款日。 （4）公司近 3 年经营活动产生的现金流量情况。 （5）公司及其子公司于最近交税年度及现有未结束年度之报税表

（3）业务信息调查。

风险投资商会通过同目标公司的股东、管理层、员工、客户、合作伙伴进行详细交流，来了解公司的业务模式和盈利模式。投资人需要了解的业务信息包括但不仅限于：

①公司主营业务介绍。

②公司主营业务的所有客户名单及合作协议。

③是否有客户会因本次投资而停止或减少其与公司的交易。

④公司及其子公司、实际控制的公司所开展的业务情况。

⑤与关联方进行的交易相关的协议。

⑥近3年来，违约客户名单及详情。

⑦与公司所提供的业务有关的责任索赔（人民币5万元以上）。

⑧对本行业国内外市场需求状况、特点及未来发展前景的描述。

⑨有关国家对本行业的产业政策及发展规划的文件。

⑩对公司未来业务发展有重大影响的因素分析，如现有优惠政策（税收）的取消、未来可能出台的支持或限制政策等。

（4）法律信息调查。

法律调查主要是了解目标公司的法律结构和可能存在的法律风险，包括公司的成立是否合法，公司所在行业是国家鼓励类、限制类还是禁止类行业，以及公司的治理结构、董事会章程、公司章程的合规合法性。

为了配合投资人的尽职调查，企业通常需要提供或披露的法律信息如表10-2所示。

表10-2　企业需向投资人披露的法律信息

公司基本信息文件	·公司基本情况介绍，包括公司历史沿革简介和公司业务模式。 ·公司最新的营业执照。 ·公司章程及其修订案。 ·注册会计师出具的有关公司的所有验资报告。 ·公司经营活动所需的政府批文、登记证及许可证等。 ·公司内部组织结构图、对外投资架构图（包括股权关系和实际控制关系）。 ·分公司、子公司、关联公司、合资企业或其他对外投资的清单、相关协议和文件。 ·内部规章制度（涉及劳动人事、财务管理、投资管理等方面）。 ·公司当前的股权架构

（续表）

公司诉讼仲裁情况	·调查有无针对公司或其任何股东的判决、裁决或其他争议解决程序。若有，需提供该判决、裁决的复印件，并确认该判决、裁决是否为公司或其股东设定了重大义务。 ·有关公司的现实存在的或可合理预计的诉讼、仲裁或其他争议解决程序的信息。 ·公司违反任何协议的详细情况，以及它们可能会导致债务提前到期或协议的解除，从而对公司的业务产生重大影响。 ·公司所有正在进行的或潜在的，由有关部门，包括但不限于税务、工商行政管理、环保、公安、医疗、劳动人事、纪检等部门针对公司的执法或行政调查的清单

2. 融资方对投资人的反向尽职调查

近年来股权投资在国内的井喷式发展，使得投融资双方的谈判地位也悄然发生了改变，以往由于处于买方市场，融资企业是有求于投资人的，当时的尽职调查多是投资人对企业的单方面调查，极少有融资方会对投资人进行反向尽职调查。

如今，风险投资已经成了卖方市场，在投资人大军里亦是鱼龙混杂，有李逵也有李鬼，因此需要融资企业擦亮眼睛去辨别。企业拥有更多的选择的同时，也有了挑选投资方的资格，乃至从容对投资人展开反向尽职调查已成为现实。

同引进合伙人一样，对投资人的深入而全面的了解同样不可或缺。那么，作为需要融资的企业，应该主要去了解投资人的哪些方面呢？

（1）基本背景调查。

了解投资企业是何时、何地、由何人成立的，从成立到现在经历了哪些变化，投过哪些企业，这些企业从资本进入到现在都经历了哪些变化。

具体来说，需要融资方去了解的投资人信息主要有以下几点：

①投资人（公司/个人）情况介绍（公司/个人简历）。

②投资人（公司股东）背景介绍（股东简历）。

③投资人（公司高管）背景介绍（高管简历）。

④投资人（公司/个人）既往成功案例介绍。

⑤资金来源情况介绍与说明。

⑥投资人（公司/个人）的银行资信证明，最近的财务审计报告以及银行存款证明单（包括现金流水）。

⑦投资人对项目的投资方式（股权投资、债权投资、债股混合）。

⑧投资人给予融资方的增值服务都有哪些。

⑨投资人对于投资周期和投资回报率的要求。

⑩投资人对于投资行业方向和投资退出方式的要求。

⑪投资人对拟投资项目和持股股东以及项目公司高层的要求。

⑫投资人的投资流程是什么；从双方接触至出资/放款需要多长时间。

⑬投资人需要融资方提交哪些资料；针对所提交的这些资料，如何为项目方进行保密。

⑭投资地点和区域要求。

⑮投资人的战略规划、品牌打造构想以及其他有关情况等。

（2）价值分析。

投资方对企业的价值并不仅仅体现在资金上，融资方要充分利用投资方的资源优势来增强企业竞争力。所谓价值分析，主要是了解投资方能为企业带来哪方面的价值和资源——具体是管理方面的，是业务方面的，还是上市运作方面的。

验证上述问题，需要详细了解投资方的合伙人团队和以往投资项目的发展情况。

首先，要衡量一下合伙人团队的人数和他们所投资管理的企业数量是否匹配。有的投资方基金规模很大，合伙人团队却只有几个人，平均下来每个合伙人要管理十余家投资企业，还要做新项目的投资，这样，即使他们再有人脉资源、再有经验、再有能力，可能对企业也产生不了太大帮助，因为精力和时间有限。

其次，要看投资方合伙人团队的资历、专业度，看其能否为企业带来欠缺的人力、市场、渠道、专业指导等资源。

（3）对方是财务性投资还是战略性投资。

投资人投资入股公司，目的主要有两种。

第一种，财务性投资。单纯的财务性投资人目的和追求通常比较简单，就是通过资金注入，帮助公司快速发展，投资人收获公司发展的红利，收获财务上的回报。

这类投资人，通常不会觊觎公司的控制权，但融资方要注意不要出让太高的股权比例，以免影响后续融资。

第二种，战略性投资。战略性投资人的战略意图比较明显，他们进行股权投资并非是为了简单获得财务上的回报，通常是出于资产重组、整合的目的，他们通常会要求进入公司董事会，甚至会谋求公司的控制权。

对战略性投资人，要设法弱化其对公司控股权的要求，并做好相关制度或法律设计，做好防火墙，避免“引狼入室”。

老板应慎用对赌协议

对赌协议，又称“估值调整机制”（valuation adjustment mechanism），主要是风险投资商对企业的估值判断不准或者对财务数据存有疑问时，通过设定目标盈利水平和触发条件，来避免不可预知的盈利能力风险。

简单来说，就是投资方与融资方在达成融资协议时，对未来不确定情况进行的一种约定。如果约定的条件出现，融资方可以行使一种权利；如果约定的条件不出现，则投资方可行使一种权利。从本质上讲，对赌协议实际上就是期权的一种表现形式。

天下没有免费的午餐，投资人向企业投入资金，必然会对企业提出相应要求，比如业绩、网站点击量、客户规模等方面的要求。常见的对赌协议条款通常是以创业公司未来的经营业绩为对赌的标的，以创业者和投资者之间相互转让一部分股权或退回一部分投资款作为赌注，目的是激励创业团队努力工作以达到预期目标，实现双赢。

案例

在蒙牛发展的过程中，资金短缺一直是一个让其头疼的难题。而摩根士丹利的出现，却为蒙牛指引了一条与众不同的融资之路。一般来说，投资无非是以直接投入资金的方式来获得对方企业的股权，但是摩根士丹利和蒙牛却给我们上了一堂印象深刻的股权投资技巧课。

2002 年 6 月，摩根士丹利在开曼群岛注册了开曼公司，而蒙牛创始人牛根生以及蒙牛的投资人、业务联系人和雇员，在同年 9 月分别成立了两家公司，即金牛和银牛，并分别以每股 1 美元的价格收购了开曼公司 50%

的股份，而摩根士丹利等三家国际投资机构又以认股的方式向开曼公司注入了2.1亿元人民币的资金，最终成为蒙牛的上市主体，拥有蒙牛32%的股份。在该资本运作的背后，双方还达成了这样的协议：如果蒙牛在1年之内没有完成双方约定的经济增长任务，那么投资方就将拥有蒙牛的绝对控股权，且可以随时更换管理层。幸运的是，在2003年8月，蒙牛就提前完成了任务，从而保住了其上市公司的控股权。

2003年，蒙牛的管理层又与摩根士丹利签署了业绩对赌协议，约定2003年到2006年，蒙牛乳业的业绩复合年增长率如果不能超过50%，蒙牛管理层将输给摩根士丹利6000万～7000万股的上市公司股份；若业绩增长达到目标，则摩根士丹利等机构就要拿出自己的相应股份奖励给蒙牛管理层。

2004年6月，蒙牛管理团队再次如期完成了双方约定的业绩增长目标，摩根士丹利等机构如约兑现了给予蒙牛管理层的股份奖励，换股时蒙牛乳业股票价格为每股6港元以上，因此蒙牛管理层获利高达4亿港元以上，而蒙牛业绩的高速增长，也提振了公司股价，使包括摩根士丹利等机构在内的利益相关方都成了赢家。

总体来讲，对赌协议对需融资的创业企业来说是有利有弊，优点是能够快速获得投资机构信任，获得企业发展所急需的大额资金，实现低成本融资和快速发展；弊端是，一旦企业业绩达不到对赌协议约定的标准，公司创始股东将会失去大量股权，不仅损失巨大，而且很可能会导致公司创始股东丢失对公司的控制权。

比如，前些年闹得沸沸扬扬的原湖南太子奶集团总裁李途纯与投资者（高盛、英联以及摩根士丹利）的对赌事件，当时双方对赌——如果太子奶集团无法完成30%的业绩增长，则太子奶集团董事长李途纯将失去对公司的控股权。结果李途纯惨败，失去了对集团的控制权。

创业公司老板同股权投资机构签署对赌协议时，一定要慎之又慎，否则一不小心就将陷入万劫不复的深渊。

1．慎用对赌协议

创业公司老板在融资时要慎用对赌协议，若一定要使用，需对企业经营状况有明确的判断，同时可约定一个上下浮动的弹性标准，且在条款中设计一些盈利水平之外的柔性指标作为评价标准，以减轻企业创始团队的经营压力。

2．通过其他途径设法赢得投资机构的信任

在国内，对赌协议的出现，根源在于投资机构对融资公司不够信任，这种不信任是由多种因素造成的，比如整个行业普遍的造假现象、会计准则与发达国家不接轨、因时间紧迫来不及对创业公司做深入尽职调查等。此外，也有一些制度上的因素，在海外很少有投资机构会跟企业签署对赌协议，因为他们的投资有很多制度上的保障，比如可以采用可转换债及优先股等方式，而国内没有优先股，于是，对赌协议就应运而生。

因此，如果老板能够依靠自己的项目、业绩、能力、资历或人品等来赢得投资机构的信任，打消他们的顾虑，自然就不用签对赌协议。

3．注意法律风险

对赌协议起源于国外，是国外企业在投资、并购等过程中调节投资方和融资方利益的一种机制。国内同投资机构签署对赌协议的公司，多数选择在国外上市。

但是，我国现行法律对于对赌协议的规制尚属空白状态，对赌协议的效力也仍受争议。我国证监会已经明确上市时间对赌协议、股权对赌协议、业绩对赌协议、董事会一票否决权安排、企业清算优先受偿协议等五类对赌协议是 IPO 审核的禁区，如果融资企业计划在国内上市，签署对赌协议更要谨慎。

股权融资的最大风险——失去公司控制权

股权融资于企业而言是一把双刃剑，它可以给公司带来发展所急需的资金、资源和人脉，同时也潜藏着风险。

伴随股权融资，投资方获得企业的一部分股份，必然会导致企业原有股东公司控制权被稀释，甚至有可能让原有股东丧失实际控制权。

高成长性公司在发展过程中，公司创始人有可能会进行多种形式、多轮次的股权融资，在引进资金的同时，创始人手中的股权也会被一再稀释，有些创始人甚至会失去公司的控股权。

对公司创始人而言，失去控股权并不可怕，可怕的是失去公司控制权。公司控制权丧失，是股权融资给创始人带来的最大风险。

失去对公司的控制权，创始人可能无法再准确把握公司的发展方向，甚至可能会导致其一手打造的企业垮掉。

案例

2010 年 5 月，“1 号店”创始人于刚为了解决公司资金短缺问题，从平安融资 8000 万元，出让了“1 号店”80% 的股权，彻底失去了对公司的控制权，后来，平安金融整合“1 号店”的进展并不顺利，又将股权转让给沃尔玛，不久后，“1 号店”创始人于刚离职。

类似的例子还有很多，发展中的公司因为成长的需要，非常渴望外部资金进入，所以不惜以极高的股权成本获得融资，甚至出让控股权和公司控制权，最终导致创始人被清洗出局。出现这种结果，一般都是由于公司创始成员对股权架构重视程度不够，或者是太在意项目前期的发展，出让了太多股份，导致后期“翻船”。原本的股权融资变成了“引狼入室”，反受其害。

在股权不断被稀释的过程中，如何掌握公司控股权，是公司创始人无法绕过的一个问题。在实操中，公司会面临各种各样的融资需求、股权结构调整，在面对不同的投资人时，会拥有不同的谈判筹码，面临不同的话语权分割。事实上，用于保护公司控制权的制度设计也会有多种多样，因此最终是要切合企业实际才行，以下介绍几种保护公司控制权的制度设计。

1. 投票权委托

投票权委托，即公司部分股东通过相关协议约定，将手中持有的股票投票权委托给特定股东（通常是创始人），以增加特定股东的投票权重，增加其投票权比率。

投票权委托计划还有一种操作形式是，公司的创始小股东将投票权委托给核心创始人，例如，假设某公司核心创始人拥有35%的投票权，不超过半数，这时，公司其他拥有25%以上投票权的创始小股东，就可以将投票权委托给核心创始人，使其取得绝对的投票权。

另外，如果公司创始人足够强势，外部投资人也会将手中的投票权委托给他们，当然这一点要取决于双方的前期沟通及博弈。例如，根据京东商城的招股书，在该公司上市前，就有包括老虎基金、高瓴资本、今日资本以及腾讯在内的11家投资机构将投票权委托给了刘强东行使，使其拥有了超过半数的投票权。

2. 双层股权结构

双层股权结构，即让股权和投票权相分离。这种方式又称AB股计划，即“同股不同权”制度。其操作要点是：将公司股票区分为A序列普通股（class A common stock）与B序列普通股（class B common stock）。A序列普通股通常由外部机构投资人与公众股东持有，拥有低投票权和低决策权；B序列普通股则通常由创始人或高管团队成员持有，具有高投票权和高决策权。

通常，高投票权的股票每股具有 2 ～ 10 票（甚至更高）的投票权，主要由公司创始人或高管团队成员持有；低投票权的股票其投票权只占高投票权股票的 10% 左右，有的甚至没有投票权，一般由外部投资股东持有。

比如，2004 年，谷歌在上市时就采取了双层股权结构的制度设计，发行 A、B 两种股票，其中 A 型股票每股只拥有 1 分票权，而 B 型股票每股则拥有 10 分票权。有资格持有 B 型股票的只有公司创始人谢尔盖・布林、拉里・佩奇和前首席执行官埃里克・施密特三人。这种设计，使得三人在未掌控公司控股权的情况下，能够得到超过 50% 的投票权，从而间接获得公司控制权。

目前，法律允许双层或多层股权存在的国家主要有美国、日本、德国、意大利、加拿大、瑞典、瑞士等。

在我国，由于公司法规定"同股同权"，因此，双层股权结构的制度设计在法律上无法实现。不过，也有一些变通措施，比如公司法允许公司章程对投票权进行特别约定（有限责任公司），允许股东在股东大会上将自己的投票权授予其他股东代为行使（股份有限公司），允许部分人执行企业事务（有限合伙企业）。

因此，在我国目前的公司法框架下，如果公司想要事实上突破"同股同权"的限制，可以在同股同权后加入"章程另有约定的，从其规定"即可。

为了规避法律风险，大量有着双重股权结构设计的公司，往往会选择前往美国上市。

3. 一致行动计划

当公司无控股大股东，也没有实际控制人时，公司创始人就可以和其他股东签署一致行动协议，以确保在股东之间意见不一致时，某些股东能够跟随自己采取统一行动，以保证自己对公司的控制力。

例如，杭州某科技公司的创始股东有六人，股权比较分散，不存在持股超过半数的控股股东，也没有表决权超过半数的股东。公司董事长、总经理和财务总监三名重要创始人，分别持有30%、25%、20%的股权，合计持股75%。为了避免公司在决策上的分歧，三人通过签署“一致行动协议书”对相关表决事项进行约定，从而确保了对公司控制权的掌控和公司权力的顺利行使。

4. 有限合伙制

有限合伙是一种新型的合伙制度，它将公司合伙人分为普通合伙人和有限合伙人，其中，普通合伙人享有公司管理权，行使管理职能，参与公司决策，而有限合伙人只作为出资方，获得相应股权，而不参与公司的具体决策和管理。

所以，可以通过制度设计，将创始股东之外的股东圈定在有限合伙人的范畴内，避免他们插手公司的控制权。

5. 股息补偿法

股息补偿法称得上是双层股权结构的延伸，公司创始人可以在原有股权结构之上，设计一个新的“次级投票权”的股权结构，即给予公司创始人之外的股东以较低的投票权，同时作为补偿措施，他们可以分得较高的股息。这样操作可谓皆大欢喜，大股东拥有了公司控制权，小股东提高了自己的收益权，同时将小股东拥有的实际意义不大的投票权予以削弱。

6. 借助法定代表人和公章掌握公司控制权

在我国法律框架下，公司董事长或总经理通常是公司法定代表人。公司法定代表人在法律规定的框架下，代表公司对外行使职权，其职务行为即公司行为，其职务行为所导致的法律后果将由公司承担。

另外，公章也是中国式公司权力行使的一个标志，公司对外合作是否具备法律效力，其中一个重要衡量标准就是是否盖了公章。

因此，公司可以借助法定代表人和公章这两大武器，来加强对公司的控制权。

股权投资：老板财富倍增的利器

股权投资是新的资金运作模式，有高风险、高收益的特点，是新的财富裂变式积累方式。据了解，中国当前资产排名前100的富豪，其身价都是源自所持股权价值的增值，几乎没有一个不是靠原始股（投资）赚钱的。

今天，中国正在快速进入资本投资时代，财富的倍增方式已经发生变化。伴随股权投资目标公司的上市，随着公司原始股的暴涨，获利的不仅仅是持股的公司创始人、核心高管和普通员工，还有成功进行了股权投资的外部投资人。

2000年，李泽楷创办的盈科数码动力，向腾讯注资110万美元，占股20%，1年后，盈科将手中的腾讯股权以1260万美元的价格出售给了南非米拉德国际控股集团公司（MIH），这项投资，仅仅1年时间，回报率就高达10余倍；再来看这家来自南非的接盘手，现在，米拉德国际控股集团公司仍旧是腾讯第一大股东，持股34.27%，现如今腾讯市值已突破3000亿美元，该集团公司所持股权市值在1000亿美元以上。如果单纯计算该集团公司当初以1260万美元从李泽楷手中购得的20%股权，其当前市值约为1550亿美元，这笔投资的回报率为12300倍。

2014年5月16日，聚美优品在美国上市，根据当天公司市值38.7亿美元推算，天使投资人徐小平此前曾向聚美优品投资38万美元，持股8.8%，市值高达3.4亿美元，仅仅4年时间获得了800多倍的投资回报。

今日资本总裁徐新是京东商城的第一个投资人，因为介入较早，随着京东商城的成功挂牌上市，这笔投资（3000万美元）给她带来了难以想象的超额回报（22亿美元）。

红杉资本创始人之一的沈南鹏，曾经以100万美元起步，4年间通过原始股投资，赚了80亿美元，投资回报8000倍。

“中国股神”段永平（步步高原老板）曾以0.8美元每股认购的200万股网易股票，最后以100多美元每股的价格抛出，这次股权投资成功之后，段永平声称自己以后再也不做实体，转型做投资。

这些案例让我们见识了股权投资的“恐怖”回报，“人无股权不富”的时代已经到来，持有股权的人将是新的财富赢家。

未来有格局的老板会有以下三种收入：

第一，经营性收入。经营性收入是企业依靠提供产品或服务而获得的收入，它是建立在企业正常运转（生产、运营、销售）基础之上，是一种重资产模式的收入，需要投入大量的人力和物力。

第二，融资性收入。融资性收入，从眼下看是一种零成本的收入；股权融资性收入，企业出让的是股权；债权融资性收入，企业到期还本付息。融资性收入的质量取决于企业经营业绩，通常，企业成长速度、盈利增长速度高于平均融资成本的情况下，融资性收入的性价比才能显现出来。

第三，投资性收入。企业需要资金，会进行股权融资。同样的道理，当老板手里有了多余的资金，也可以对外进行股权投资，获得收益。这里所讲的投资性收入，是对外股权投资，这部分收入是资本增值所带来的，是“钱生钱”，即使老板不负责投资项目的具体运营，这部分收益也会产生，而且有时它带来的收益甚至可能会超过企业本身的经营性收入和融资性收入。比如，段永平专职从事股权投资，仅仅两三年获得的收益就超过了他此前经营实业十几年所得到的收益。

股权投资性收入的巨大回报我们有所了解，在资本经济时代，老板应在确保本体企业经营性收入的前提下，扩大对外投资，坐享股权投资性收益。

成功的老板要有“两个”公司：

第一个，个人主导的公司，即自己一手创立、亲自经营的公司，是老板的根基和大本营所在。

第二个，持股公司，即投资入股的外部公司，只参与分红，而不参与具体经营，当然必要的时候可以提供指导，作为企业的独立顾问。

老板的主导公司可能只有一个，而持股公司则不受限制，完全可以遍地开花。如果从主导公司和持股公司的角度衡量，小米就是雷军等创业合伙人的主导公司，而那些产业链公司比如紫米、智米、华米、云米、飞米等则是其持股公司。

下面具体介绍对外股权投资需要规避的风险及对外股权投资的退出模式。

1. 对外股权投资风险规避

高收益必然伴随着高风险，股权投资的风险和收益同样是成正比的，而且投资流动性较差，适合做长期投资，因此，进行股权投资需要格外谨慎，做好风险规避。

股权投资又称风险投资，是典型的风险游戏，这也是它得名风险投资的重要因素之一。事实上，股权投资能赚钱，但它更能赔钱。大家看到京东、阿里巴巴等公司上市后，公司创业者和投资者们赚得盆满钵满，却看不到很多公司创业者、VC（风险投资商）赔得血本无归。一个 VC 投十个案子，可能平均只有一两个能成功 IPO，还有一两个可能被卖掉，更多的只能等待，等着它们是否有一天能够盈利，其中有很多可能是颗粒无收。

除了市场风险、经营风险、企业执行风险之外，股权投资者可能还会面临法律风险、政策风险，这其中任何一个方向有些风吹草动，都有可能招致投资的彻底失败。

实践中，股权投资的风险控制可从以下几个角度展开。

（1）分阶段投资。

分阶段投资，即投资资金，根据项目进展和对方履约情况，分阶段逐步投入，避免一次到位。

第一步，注入信任金。双方签署投资协议后，先行注入少量资金，作为订金，也叫作信任金，一般为投资资金的20%左右，当然作为对等回报，企业方面一般也会主张“到账多少资金，就过户多少股份”。

第二步，注入了解金。通过对企业的尽职调查，发现投资目标基本能符合自己的要求，这个阶段，就要注入了解金，一般为投资资金的50%左右。

第三步，注入目标金。如果企业发展顺利，先期投入的资金也能够得到较好的运用，没有浪费闲置情况发生，能够达到投资人的预期目标，此时就可以将约定投资金额的剩余部分全部注入，同时，所换取的股权份额也都全部过户到位。

（2）合同约束。

投资合约上，要详细约定双方的权利、义务，以及需要承担的违约责任，用来保障双方利益。

如果投资对象违约，通常采取的惩罚或补救措施有调整优先股转换比例，提高投资者的股份，减少项目公司或管理层个人的股份，投票权和董事会席位转移到股权投资者手中，解雇高管团队等。

（3）对公司管理团队的激励措施。

为了激励目标公司的管理团队，可设定相应的经营目标，一旦达到或超出预期目标，就对其进行相应的股权激励，当然，如果达不到目标，则要进行相应的惩处。

2. 对外股权投资的退出模式

绝大多数股权投资的最终目的是退出，这是股权投资机构投资管理的最后一步，也是衡量投资成功与否的重要标准，当然也有少量战略投资者会长期持有股票。

常见的股权退出方式主要有以下几种。

（1）IPO退出。

IPO，即首次公开发行股票（initial public offering），也就是人们通常所讲的上市。所投资的企业发展成熟以后，通常会在证券市场挂牌上市，股权投资者可以通过公开市场交易的方式实现增值退出，这也是最理想的一种退出方式。因为证券市场有其独特的杠杆作用，公司成功上市往往意味着股票的大幅度增值。

目前，我国企业进行IPO的途径主要有国内上市和国外上市两种，国内上市主要是在深交所（全称深圳证券交易所）、上交所（全称上海证券交易所）、港交所（即香港交易所，全称香港交易及结算所有限公司）和新三板，国外交易市场主要有纽约证券交易所和纳斯达克股票市场等。

IPO退出的优势是明显的，即回报率高。它的缺点在于，IPO操作起来极其烦琐，对企业资质和经营、财务指标有着较高的要求，拟上市企业需要提前进行长期而周密的筹备，操作的成本非常高。

另外，企业实现IPO后，为了稳定股价，往往会规定一个股票禁售期，从而为投资人的退出变现增加了不确定性风险。

（2）并购退出。

并购，指某个企业或企业集团通过谈判协商的方式购买其他企业的全部或部分股权，从而达到参股或控制其他企业的目的。

并购有两种形式，第一种是正向并购，即进行股权投资的企业，为了扩大规模、提高市场占有率或整合资源，以实现快速发展，而对外部企业进行并购。这种情况下，投资人的股份通常会被稀释，可以选择继续持有，或直接转让退出。第二种是反向并购，即投资企业被外部公司并购，投资人可以出让股权，收回投资。

并购退出方式的优点很明显：

第一，交易快捷。并购双方通过私下谈判，协商一致即可进行，避免了企业在IPO过程中的烦琐程序和相关部门的严格监管与限制，而且双方交易达成，投资方即可实现资金的回笼。不过话说回来，选择并购方式的企业，通常属于那种发展良好，但是上市基本无望或需要进行漫长等待的企业，各方出于利益折中的考虑，才退而求其次，选择并购方式。

第二，交易成本低。并购交易是交易企业双方进行的，无须像IPO那样付出大量的人力成本、时间成本和中介交易承销成本。

第三，收益相对较高。投资人通过并购退出获得的收益相对也不错，一般会低于 IPO 的回报率，不过可实现股权的一次性转让，能避免不少麻烦。

第四，可以保密进行。并购具有较高的信息保密度，无须像 IPO 那样进行充分的企业信息公示与披露。

并购退出的缺点也很明显，它的收益率一般要明显低于 IPO 退出。而且，如果投资人选择并购后继续持有股份的话，还会面临两家并购企业磨合不畅和控制权易手的风险。

（3）回购退出。

回购，主要是由企业创始人或管理层从外部投资人手中回购股票。回购通常发生在以下几种情况：

第一，企业经营稳定，但是上市无望，根据之前投资双方签署的投资协议，由公司创始股东向投资人回购股权。

第二，公司创始股东为了提升持股份额或掌握公司控制权，同时投资人也有意向出让股权时，由创始股东向投资人回购股权。

第三，根据投资协议的规定，当投资期限届满之后或公司在预定期限未能成功上市，由被投资企业购回投资人所持有的公司股权。

案例

2010 年，鼎晖资本向“俏江南”投资 2 亿元，对公司的估值为 20 亿元，鼎晖持有“俏江南”10% 的股份。在投资合同中，鼎晖约定了一个对自己有利的退出条款：如果因非鼎晖方面原因，造成“俏江南”无法在 2012 年底实现上市，或者“俏江南”的实际控制人发生变更，那么鼎晖有权退出“俏江南”，“俏江南”董事长张兰或张兰认同的第三方，需要回购鼎晖手中的股权。

此后，“俏江南”做出大量努力，先后试图在国内 A 股和港交所上市，但皆失败，于是在 2012 年底触发了鼎晖设定的股权回购条款，根据协议约定，张兰需要以每年 20% 的投资回报率回购股权，但是当时的

“俏江南”经营惨淡，根本无力回购这些股权。双方因此发生激烈矛盾冲突，张兰甚至向媒体坦言“最大错误是引入鼎晖投资”。

一般情况下，公司本身是不能进行股权回购的，执行回购的通常是公司的创始人或实际控制人。而回购的前提是，回购人要能够筹集到足够的资金。

同 IPO 退出、并购退出两种退出方式相比，回购退出操作比较简便，但是收益率也较低。

（4）股权转让。

股权转让，指投资人将自己持有的股份有偿转让给他人，套现退出的一种方式。股权转让也能让投资人实现全身而退，并且获得相对较高的投资收益。股权转让通常发生在企业上市前景不明朗，或投资人有其他更好投资项目需要套出资金的情况下。

（5）破产清算。

破产清算多发生在所投资企业没有希望上市，企业也没有足够的资金来回收投资人手中的股权时（企业经营状况通常也陷于内忧外患的困局），是投资人在没有其他退出选择的情况下，不得已而采取的一种方式，以求最大限度减少投资损失。

申请破产并进行清算的成本较高，耗时较长，而且要经过复杂的法律程序。一旦选择破产清算的方式退出，其负面效应是显而易见的，基本意味着投资的失败，只能最大限度地减少投资损失而采取这种止损措施，来分配企业的残值。

［工具］ 企业融资所用商业计划书模板

企业融资中常用到商业计划书，现提供一份模板（表 10－3）。

表 10－3　商业计划书模板

构成	详情
封面	××公司（或××项目）商业计划书 ××年××月 公司地址： 邮政编码： 联系人及职务： 电话： 传真： 网址/电子邮箱： 报告目录：
第一部分 摘要	（整个计划的概况） 一、公司简单描述 二、公司的宗旨和目标（市场目标和财务目标） 三、公司目前股权结构 四、已投入的资金及用途 五、公司目前主要产品或服务介绍 六、市场概况和营销策略 七、主要业务部门及业绩简介 八、核心经营团队 九、公司优势说明

（续表）

构成	详情
第一部分 摘要	十、目前公司为实现目标的增资需求：原因、数额、增资方式、用途、偿还说明 十一、融资方案（资金筹措及投资方式，退出方案） 十二、财务分析 1．财务历史数据（向前 3 ～ 5 年） 2．财务预计（向后 3 ～ 5 年） 3．资产负债情况
第二部分 综述	第一章　公司介绍 一、公司的宗旨（公司使命的表述） 二、公司简介资料 三、各部门职能和经营目标 四、公司管理 1．董事会 2．经营团队 3．外部支持（外聘人士/会计师事务所/律师事务所/顾问公司/技术支持/行业协会等） 第二章　技术与产品 一、技术描述及技术持有 二、产品状况 1．主要产品目录（分类、名称、规格、型号、价格等） 2．产品特性 3．正在开发/待开发产品简介 4．研发计划及时间表 5．知识产权策略 6．无形资产（商标/知识产权/专利等） 三、产品生产 1．资源及原材料供应

（续表）

构成	详情
第二部分综述	2．现有生产条件和生产能力 3．扩建设施、要求及成本，扩建后生产能力 4．原有主要设备及需添置设备 5．产品标准、产品质检和生产成本控制 6．包装与储运 第三章　市场分析 一、市场规模、市场结构与划分 二、目标市场的设定 三、产品消费群体、消费方式、消费习惯及影响市场的主要因素分析 四、目前公司产品市场状况，产品所处市场发展阶段（空白/新开发/高成长/成熟/饱和），产品排名及品牌状况 五、市场趋势预测和市场机会 六、行业政策 第四章　竞争分析 一、有无行业垄断 二、从市场细分看竞争者市场份额 三、主要竞争对手情况：公司实力、产品情况（种类、价位、特点、包装、营销、市场占有率等） 四、潜在竞争对手情况和市场变化分析 五、公司产品竞争优势 第五章　市场营销 一、概述营销计划（区域、方式、渠道、预估目标、份额） 二、销售政策的制定（以往/现行/计划） 三、销售渠道、方式、行销环节和售后服务 四、主要业务关系状况（代理商/经销商/直销商/零售商/加盟者等），各级资格认定标准政策（销售量/回款期限/付款方式/应收账款/货运方式/折扣政策等）

（续表）

构成	详情
第二部分 综述	五、销售队伍情况及销售福利分配政策 六、促销和市场渗透（方式及安排、预算） 1. 主要促销方式 2. 广告/公关策略 七、产品价格方案 1. 定价依据和价格结构 2. 影响价格变化的因素和对策 八、销售资料统计和销售记录方式，销售周期的计算 九、市场开发规划，销售目标（近期、中期），销售预估（3～5年） 第六章　投资说明 一、资金需求说明（用量/期限） 二、资金使用计划及进度 三、投资形式 四、资本结构 五、回报/偿还计划 六、资本原负债结构说明（每笔债务的时间/条件/抵押/利息等） 七、投资抵押（是否有抵押/抵押品价值及定价依据/定价凭证） 八、投资担保（是否有抵押/担保者财务报告） 九、吸纳投资后股权结构 十、股权成本 十一、投资者介入公司管理之程度说明 十二、报告（定期向投资者提供的报告和资金支出预算） 十三、杂费支付（是否支付中介手续费） 第七章　投资报酬与退出 一、股票上市

（续表）

构成	详情
第二部分 综述	二、股权转让 三、股权回购 四、股利 第八章　风险分析 一、资源（原材料/供应商）风险 二、市场不确定性风险 三、研发风险 四、生产不确定性风险 五、成本控制风险 六、竞争风险 七、政策风险 八、财务风险（应收账款/坏账） 九、管理风险（含人事/人员流动/关键雇员依赖） 十、破产风险 第九章　管理架构 一、公司组织结构 二、管理制度及劳动合同 三、人事计划（配备/招聘/培训/考核） 四、薪资、福利方案 五、股权分配和认股计划 第十章　经营预测 增资后 3～5 年公司销售数量、销售额、毛利率、成长率、投资报酬率预估及计算依据 第十一章　财务分析 一、财务分析说明 二、财务数据预测 1．销售收入明细表

（续表）

构成	详情
第二部分 综述	2. 成本费用明细表 3. 薪金水平明细表 4. 固定资产明细表 5. 资产负债表 6. 利润及利润分配明细表 7. 现金流量表 8. 财务指标分析 （1）反映财务盈利能力的指标 a. 财务内部收益率 b. 投资回收期 c. 财务净现值 d. 投资利润率 e. 投资利税率 f. 资本金利润率 g. 不确定性分析：盈亏平衡分析、敏感性分析、概率分析 （2）反映项目清偿能力的指标 a. 资产负债率 b. 流动比率 c. 速动比率 d. 固定资产投资借款偿还期
第三部分 附录	一、附件 1. 营业执照影本 2. 董事会名单及简历 3. 主要经营团队名单及简历 4. 专业术语说明 5. 专利证书/生产许可证/鉴定证书等

（续表）

构成	详情
第三部分 附录	6．注册商标 7．企业形象设计/宣传资料 8．公司简报及相关报道 9．场地租用证明 10．工艺流程图 11．产品市场成长预测图 二、附表 1．主要产品目录 2．主要客户名单 3．主要供货商及经销商名单 4．主要设备清单 5．市场调查表 6．预估分析表 7．各种财务报表及财务预估表